财务软件课程实习案例

高建立 主 编
毛久智 王晓东 副主编

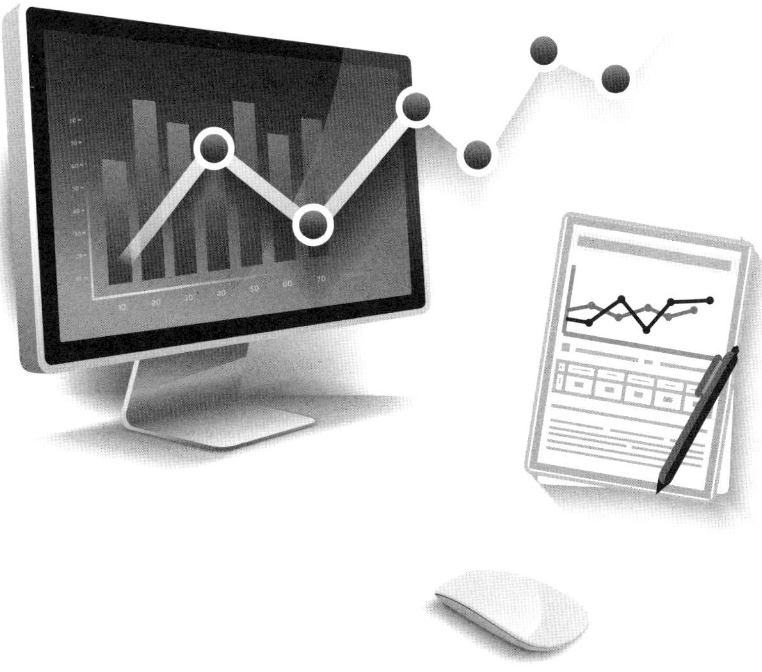

中国农业科学技术出版社

图书在版编目（CIP）数据

财务软件课程实习案例 / 高建立主编 . —北京：中国农业科学技术出版社，2016.7
　ISBN 978-7-5116-2630-1

　Ⅰ.①财⋯　Ⅱ.①高⋯　Ⅲ.①财务软件-实习-案例　Ⅳ.①F232-4

中国版本图书馆 CIP 数据核字（2016）第 135197 号

责任编辑	闫庆健
责任校对	贾海霞

出 版 者	中国农业科学技术出版社
	北京市中关村南大街 12 号　邮编：100081
电　　话	（010）82106632（编辑室）　（010）82109704（发行部）
	（010）82109709（读者服务部）
传　　真	（010）82106625
网　　址	http：//www.castp.cn
经 销 者	各地新华书店
印 刷 者	北京富泰印刷有限责任公司
开　　本	850mm×1 168mm　1/32
印　　张	2.625
字　　数	63 千字
版　　次	2016 年 7 月第 1 版　2017 年 2 月第 2 次印刷
定　　价	10.00 元

━━━━◆ 版权所有·翻印必究 ◆━━━━

前　　言

当今世界已进入到信息化社会，会计信息化已成为会计工作的必然趋势，大量的企（事）业单位正在广泛地应用财务软件进行财务业务的核算与管理。本科、专科院校的财务会计、财务管理、审计学等专业都开设了财务软件实习、实训课程，以培养锻炼学生的软件操作能力和业务处理能力。

目前财务软件类教材大部分是为满足课程教学而开发，业务内容主要是为配合介绍软件功能而设置，业务量少，章节之间内容条块分割，系统性较差，而且有明确的操作方法和步骤指导，更适宜做教材使用。但开展教学实习和实训的主要目的是帮助学生对课堂教学内容的消化吸收，让学生利用财务软件，比较系统地处理经济业务，熟练地掌握企业财务业务一体化的处理方法，培养学生独立分析问题和解决问题的能力。因此，大部分教材不适合实习、实训使用。笔者开发的这套实习、实训案例，以工业企业基本业务为例，精心设计训练内容，系统性强，涵盖面宽，业务量适中。书中案例没有涉及软件操作方法和明确的软件操作步骤，需要学生事先对案例内容认真分析，从全局上掌握企业情况，然后进行整体设计。书中还增加了每个模块的业务处理流程图，目的在于帮助学生从整体上把握业务处理过程，树立整体思路和全局意识，为今后走向工作岗位奠定基础。

本书由河北科技师范学院的高建立担任主编，毛久智和王晓东担任副主编。高建立负责整体结构设计，以及编写第一、第二章内容，毛久智负责编写第三章内容，王晓东负责编写第四章内容。

在本书的编写过程中，笔者参阅和借鉴了一些专家、学者的文献资料和研究成果，同时得到了中国农业科学技术出版社的大力支持，在此一并表示诚挚的谢意。尽管笔者在编写过程中付出了艰辛的努力，但由于水平所限，书中难免有不足之处，恳请读者和同行专家批评指正，以备来日修改。

编　者

2015 年 11 月

内容提要

本书以任务导向为设计工作思路，以培养高素质财务业务一体化应用型人才为目标，仿真模拟了工业企业实际生产经营活动流程。书中案例内容强调财务业务一体化处理方法，涵盖总账管理、采购管理、销售管理、库存管理、存货核算、薪资管理、固定资产管理、应收应付款管理以及报表管理等基本岗位业务。省去了繁杂操作步骤的讲解和图示，增加了业务处理流程图，目的在于通过分析流程图，从整体上把握相关业务的处理流程，更好地锻炼、分析问题和解决问题的能力。为了检验学习效果，书中的案例给出了简要参考答案。

本书适宜作为高等学校财务管理、会计、审计等专业学生的财务业务一体化实习、实训用书。

目　　录

第一章　企业基本资料 ……………………………………（1）
　一、企业概况 …………………………………………（1）
　二、财务人员及权限分工 ……………………………（2）
　　（一）账套主管 ……………………………………（2）
　　（二）会计 …………………………………………（2）
　　（三）出纳 …………………………………………（2）
　三、机构设置 …………………………………………（3）
　　（一）部门档案 ……………………………………（3）
　　（二）职员档案 ……………………………………（3）
　四、各子系统设置要求 ………………………………（4）
　　（一）总账管理系统 ………………………………（4）
　　（二）薪资管理系统 ………………………………（12）
　　（三）固定资产管理系统 …………………………（17）
　　（四）采购管理系统 ………………………………（19）
　　（五）销售管理系统 ………………………………（23）
　　（六）库存管理系统 ………………………………（25）
　　（七）存货核算系统 ………………………………（27）
　　（八）应付款管理系统 ……………………………（28）
　　（九）应收款管理系统 ……………………………（30）

第二章　日常经济业务 ……………………………………（33）
　一、业务处理要求 ……………………………………（33）

二、日常经济业务 ……………………………………… (33)

第三章　期末处理 ……………………………………………… (57)
　　一、各子系统月末结账 …………………………………… (57)
　　二、六月份经济业务 ……………………………………… (57)
　　三、编制资产负债表 ……………………………………… (63)
　　四、编制利润表 …………………………………………… (63)

第四章　业务流程图 …………………………………………… (64)
　　一、总账管理系统的业务处理流程图 …………………… (64)
　　二、工资管理系统业务处理流程图 ……………………… (65)
　　三、固定资产管理系统业务处理流程图 ………………… (66)
　　四、应收款管理系统的业务处理流程图 ………………… (67)
　　五、供应链管理系统的业务处理流程图 ………………… (68)
　　六、采购管理系统处理流程图 …………………………… (69)
　　　　（一）单货同行采购业务处理流程图 ………………… (69)
　　　　（二）货到票未到业务流程图 ………………………… (70)
　　　　（三）退货处理流程图 ………………………………… (70)
　　七、销售管理系统业务处理流程图 ……………………… (71)
　　　　（一）先发货后开票模式业务处理流程图 …………… (71)
　　　　（二）分期收款业务处理流程图 ……………………… (72)
　　　　（三）委托代销业务处理流程图 ……………………… (73)
　　　　（四）零售业务处理流程图 …………………………… (74)
　　　　（五）直运业务处理流程图 …………………………… (74)
　　　　（六）销售退货业务处理流程图 ……………………… (75)

参考文献 ………………………………………………………… (76)

第一章 企业基本资料

一、企业概况

说明：为方便读者理解，本书以模拟企业的方式阐述问题。本案例所提到的秦皇岛力强机床厂及该企业所有相关资料，以及其他相关公司资料，均为虚拟资料，如有雷同纯属巧合。

秦皇岛力强机床厂是一家小型工业企业，公司地址：秦皇岛市和平区解放路828号，邮政编码：110000，联系电话及传真：0335—83671190，电子邮件：qhdlqjc@163.com，纳税人登记号：024258200414736，开户银行：工商行秦皇岛分行解放路支行；账号：026—14736925（人民币户），银行编码0101，本币名称：人民币（代码：RMB）。该公司法定代表人是夏磊。公司主要生产并销售机床A和机床B两种产品，此外也销售一些原材料。

该公司购买了用友ERP-U8财务软件，于2010年5月1日开展会计信息化。启用总账、应收款管理、应付款管理、固定资产、薪资管理、计件工资管理、采购管理、销售管理、库存管理、存货核算等模块进行财务业务一体化处理。

为了便于加强企业管理，公司决定对存货、客商、收发类别、地区分类等进行分类核算。有关要求如下：

存货分类编码级次：1223；客户分类编码级次和供应商分类编码级次：223；收发类别编码级次：12；部门编码级次：122；

结算方式编码级次：12；地区分类编码级次：12；费用项目编码级次：122；会计科目编码级次：42222；存货数量、存货单位、开票单价、件数及换算率的小数位均为：2。

二、财务人员及权限分工

（一）账套主管

周芹。负责会计软件运行环境的建立，以及各项初始设置工作；负责会计软件的日常运行管理工作，监督并保证系统的有效、安全、正常运行；审核业务兼负责财务分析、财务决策和行业报表管理。具有掌握系统所有模块的全部权限。

（二）会计

陈楠（实际练习中由学生本人担任）。负责总账管理系统的凭证管理工作，以及客户往来和供应商往来管理工作。具有公共单据、公用目录设置、总账、薪资、计件工资、固定资产、应收款、应付款、采购、销售、库存管理系统和存货核算的全部权限。

（三）出纳

赵鑫。负责现金、银行存款管理工作。具有出纳签字、现金和银行存款日记账的查询及打印、资金日报查询、支票登记以及银行对账有关的操作权限；具有查询总账系统凭证和总账的权限。

三、机构设置

(一) 部门档案(表1-1)

表1-1 部门档案

编号	名称	部门属性	负责人	电话	地址
1	行政科	管理兼技术	夏磊	100	厂内
101	厂办公室	管理	李元香	101	厂内
102	财务室	财务	周芹	102	厂内
103	总务	库房	张梦松	103	厂内
2	生产科	生产	叶从南	200	厂内
201	制造车间	基本生产	叶从南	201	厂内
202	辅助车间	辅助生产	张小夏	202	厂内
3	供销科	供销	夏青	300	厂内
301	销售组	销售	夏青	301	厂内
302	供应组	供应	刘含玉	302	厂内

(二) 职员档案

为了便于核算职工薪酬,财务人员将在职人员分以下6类,分别是企业管理人员、车间管理人员、基本生产人员、辅助车间人员、销售人员、经营人员。详细职员档案见表1-2。

表 1-2 职员档案

职员编号	职员名称	行政部门	职员属性	人员类别	账号	工龄	基本工资
101	夏磊	厂办公室	负责人	企业管理人员	20020101101	25	5 000
102	李元香	厂办公室	厂办秘书	企业管理人员	20020101102	18	4 000
103	周芹	财务室	会计主管	企业管理人员	20020101103	20	3 000
104	陈楠	财务室	会计	企业管理人员	20020101104	25	3 000
105	孟令妮	财务室	财务	企业管理人员	20020101105	15	2 000
106	赵鑫	财务室	出纳	企业管理人员	20020101106	13	1 500
107	张梦松	总务	保管员	企业管理人员	20020101107	16	1 000
201	叶从南	制造车间	车间主任	车间管理人员	20020101108	15	3 200
202	李伟	制造车间	工人	基本生产人员	20020101109	6	2 000
203	程元凤	制造车间	工人	基本生产人员	20020101110	3	2 000
204	张梦林	制造车间	工人	基本生产人员	20020101111	9	2 000
205	马彤	制造车间	工人	基本生产人员	20020101112	4	2 000
206	朱涛	制造车间	工人	基本生产人员	20020101113	7	2 000
207	张小夏	辅助车间	车间主任	辅助车间人员	20020101114	14	2 800
208	李盼儿	辅助车间	工人	辅助车间人员	20020101115	5	1 700
301	夏青	销售组	组长	销售人员	20020101116	8	4 000
302	刘含玉	供应组	组长	经营人员	20020101117	21	3 500

* 说明：所有职工都通过工商行秦皇岛分行解放路支行；账号：026—14736925（人民币户）代发工资；个人账号为 11 位；银行编码：0101

四、各子系统设置要求

（一）总账管理系统

1. 业务控制参数

按要求修改选项，其他未说明项采用默认值。

凭证：制单时序控制；支票控制；赤字控制：资金及往来科目，赤字控制方式：提示。

不可以使用应收款、应付款、存货受控科目；取消"现金流量科目必录现金流量项目"选项；自动填补凭证断号；凭证编号方式采用系统编号。

账簿：账簿打印位数按软件的标准设定；账簿打印参数按系统默认设定；明细账打印按年排页。

凭证打印：打印凭证页脚姓名。

预算控制：超出预算允许保存进行预算控制方式。

权限：出纳凭证必须经由出纳签字；允许修改、作废他人填制的凭证；可查询他人凭证；不选择凭证审核控制到操作员；不选择明细账查询权限控制到科目。

会计日历：会计日历为1月1日至12月31日；数量小数位和单价小数位设置为2位。

其他：部门、个人、项目按编码方式排序。

2. 会计科目及期初数据（表1-3）

表1-3 会计科目及期初数据

科目名称	方向	辅助账类型	账页格式	期初余额
库存现金（1001）	借	日记账	金额式	3 430.50
银行存款（1002）	借	银行、日记	金额式	563 372.00
工商行存款（100201）	借	银行、日记	金额式	563 372.00
其他货币资金（1012）	借		金额式	50 000.00
银行汇票存款（101201）	借		金额式	50 000.00
应收票据（1121）	借		金额式	280 800.00
银行承兑汇票（112101）	借	客户往来	金额式	280 800.00
商业承兑汇票（112102）	借	客户往来	金额式	

(续表)

科目名称	方向	辅助账类型	账页格式	期初余额
应收账款（1122）	借	客户往来	金额式	444 600.00
坏账准备（1231）	贷		金额式	2 223.00
预付账款（1123）	借	供应商往来	金额式	20 000.00
其他应收款①（1221）	借		金额式	4 400.00
应收职工借款（122101）	借	个人往来	金额式	4 400.00
材料采购（1401）	借		金额式	
原材料（1403）	借		金额式	1 045 312.00
原材料及主要材料（140301）	借		金额式	930 000.00
铸铁件（14030101）	借		数量金额式	30 000.00 10 吨
铸铝件（14030102）	借		数量金额式	60 000.00 3 吨
钢材（14030103）	借		数量金额式	840 000.00 105 吨
辅助材料（140302）	借		金额式	18 120.00
润滑油（14030201）	借		数量金额式	3 120.00 80 千克
油漆（14030202）	借		数量金额式	15 000.00 1 500 千克
外购半成品（140303）	借		金额式	100 000.00
电动机（14030301）	借		数量金额式	40 000.00 50 台
轴承（14030302）	借		数量金额式	28 000.00 80 套
电器元件（14030303）	借		数量金额式	32 000.00 1 600 个
周转材料（1411）			金额式	1 200.00
包装物（141101）	借		金额式	1 200.00

第一章 企业基本资料

(续表)

科目名称	方向	辅助账类型	账页格式	期初余额
木箱（14110101）	借		数量金额式	1 200.00 3 个
库存商品（1405）	借		金额式	197 500.00
产成品（140501）	借		金额式	197 500.00
机床 A（14050101）	借		数量金额式	152 500.00 5 台
机床 B（14050102）	借		数量金额式	45 000.00 3 台
长期待摊费用（1801）	借		金额式	6 000.00
财产保险费（180101）	借		金额式	2400.00
报刊费（180102）	借		金额式	3 600.00
长期股权投资（1511）	借		金额式	
固定资产（1601）	借		金额式	4 333 000.00
累计折旧（1602）	贷		金额式	1 390 179.00
固定资产清理（1606）	借		金额式	0
在建工程（1604）	借		金额式	
无形资产（1701）	借		金额式	0
待处理财产损益（1901）	借		金额式	0
待处理流动资产损益（190101）	借		金额式	0
待处理固定资产损益（190102）	借		金额式	0
短期借款（2001）	贷		金额式	1 000 00.00
应付票据（2201）	贷		金额式	40 950.00
商业承兑汇票（220101）	贷	供应商往来	金额式	40 950.00
银行承兑汇票（220102）	贷	供应商往来	金额式	
应付账款（2202）	贷		金额式	265 740.00
应付货款（220201）	贷	供应商往来	金额式	259 740.00
暂估应付款（220202）	贷		金额式	6 000.00
预收账款 2203	贷	客户往来	金额式	

（续表）

科目名称	方向	辅助账类型	账页格式	期初余额
其他应付款（2241）	贷		金额式	27 000.00
应付职工薪酬（2211）				50 000.00
工资（221101）	贷		金额式	
福利费（221102）	贷		金额式	50 000.00
工会经费（221103）	贷		金额式	
教育经费（221104）	贷		金额式	
养老保险金（221105）	贷		金额式	
应交税费（2221）	贷		金额式	125 280.50
应交所得税（222101）	贷		金额式	37 412.50
应交个人所得税（222102）	贷		金额式	395.00
应交城建税（222104）	贷		金额式	5 566.00
未交增值税（222105）	贷		金额式	79 522.00
应交增值税（222106）	贷		金额式	
进项税额（22210601）	贷		金额式	
销项税额（22210602）	贷		金额式	
已交税金（22210603）	贷		金额式	
进项税额转出（22210604）	贷		金额式	
转出多交增值税（22210607）	贷		金额式	
转出少交增值税（22210608）	贷		金额式	
其他应交款（222107）	贷		金额式	2 385.00
应付利息（2231）	贷		金额式	
长期借款（2501）	贷		金额式	400 000.00
长期借款本金（250101）	贷		金额式	400 000.00
长期借款利息（250102）	贷		金额式	
实收资本（4001）	贷		金额式	4 000 000.00
国家投资（400101）	贷		金额式	4 000 000.00
外单位投资（400102）	贷		金额式	
资本公积（4002）	贷		金额式	202 808.00

第一章　企业基本资料

（续表）

科目名称	方向	辅助账类型	账页格式	期初余额
盈余公积（4101）	贷		金额式	289 050.00
任意盈余公积（410101）	贷		金额式	200 000.00
公益金（410102）	贷		金额式	89 050.00
本年利润（4103）	贷		金额式	
利润分配（4104）	贷		金额式	62 000.00
提取盈余公积（410404）	贷		金额式	0
应付利润（410405）	贷		金额式	0
未分配利润（410407）	贷		金额式	62 000.00
生产成本（5001）	借	项目核算	金额式	
基本生产成本（500101）	借	项目核算	金额式	
直接材料（50010101）	借	项目核算	金额式	
直接人工（50010102）	借	项目核算	金额式	
制造费用（50010103）	借	项目核算	金额式	
辅助生产成本（500102）	借		金额式	
直接材料50010201	借		金额式	
直接人工50010202	借		金额式	
制造费用50010203	借		金额式	
制造费用（5101）	借		金额式	
折旧费（510101）	借	部门核算	金额式	
管理人员工资（510102）	借	部门核算	金额式	
其他费用（510103）	借	部门核算	金额式	
主营业务收入（6001）	贷	项目核算	金额式	
主营业务成本（6401）	借		金额式	
售费用（6601）	借		金额式	
营业税金及附加（6403）	借		金额式	
其他业务收入（6051）	贷		金额式	
材料销售（605101）	贷		金额式	
其他（605102）	贷		金额式	

(续表)

科目名称	方向	辅助账类型	账页格式	期初余额
其他业务成本（6402）	借		金额式	
材料销售（640201）	借		金额式	
其他（640202）	借		金额式	
管理费用（6602）	借		金额式	
薪资（660201）	借	部门核算	金额式	
福利费（660202）	借	部门核算	金额式	
办公费（660203）	借	部门核算	金额式	
差旅费（660204）	借	部门核算	金额式	
招待费（660205）	借	部门核算	金额式	
折旧费（660206）	借	部门核算	金额式	
其他（660207）	借	部门核算	金额式	
财务费用（6603）	借		金额式	
利息支出（660301）	借		金额式	
手续费（660302）	借		金额式	
其他（660303）	借		金额式	
投资收益（6111）	贷		金额式	
营业外收入（6301）	贷		金额式	
固定资产盘盈（630101）	贷		金额式	
处理固定资产净收益（630102）	贷		金额式	
罚款净利收入（630103）	贷		金额式	
其他（630104）	贷		金额式	
资产减值损失6701	借		金额式	
营业外支出（6711）	借		金额式	
固定资产盘亏（671101）	借		金额式	
处理固定资产净损失（671102）	借		金额式	
罚款支出（671103）	借		金额式	
捐赠支出（671104）	借		金额式	
非常损失（671105）	借		金额式	

第一章 企业基本资料

(续表)

科目名称	方向	辅助账类型	账页格式	期初余额
其他（671106）	借		金额式	
所得税费用（6801）	借		金额式	

* 提示：①其他应收款—应收职工借款（122101）期初余额详细资料：12月31日（上年），供应组刘含玉出差借款4 400元，该职工尚未报账。

为了便于修改初始化环节出现的一些错误，建议总账及应收、应付、库存、存货等子系统的期初余额在相关子系统初始设置的最后环节录入。录入完期初余额后一定要进行对账，通过对账保证期初余额录入正确。对账包括：总账期初余额试算平衡和对账；固定资产子系统和总账系统对账；应收款系统和总账系统对账；应付款系统和总账对账；存货系统和总账系统对账；库存系统和存货系统对账。

3. 项目目录

本账套设置2个项目大类。

项目大类1：生产成本；

分类：基本生产成本；

核算科目：生产成本5001、基本生产成本500101、直接材料50010101、直接人工50010102、制造费用50010103；

项目：机床A（编码101）、机床B（编码102）。

项目大类2：销售收入；

分类：主营业务收入；

核算科目：主营业务收入6001；

项目：机床A（编码201）、机床B（编码202）。

4. 凭证类别（表1-4）

表1-4　凭证类别

类型	限制类型	限制科目
收款凭证	借方必有	1001，1002
付款凭证	贷方必有	1001，1002
转账凭证	凭证必无	1001，1002

5. 结算方式（表1-5）

表1-5　结算方式

编码	结算方式	票据管理标志
1	现金结算	
2	支票	√
201	现金支票	√
202	转账支票	√
3	商业汇票	
301	商业承兑汇票	
302	银行承兑汇票	
4	银行汇票	
5	其他	

（二）薪资管理系统

1. 业务控制参数

工资类别个数：多个，（正式人员和临时人员两个类别）；目前所有职工都是正式人员。核算计件工资；核算币种：人民币

(RMB); 实行代扣个人所得税, 不进行扣零处理。

2. 薪资构成

制造车间的职工工资包括两部分。一部分是正常的计时工资, 另一部分是计件工资。计件工资按工人完成的工时计量。其他部门的职工工资只包括计时工资, 不计算计件工资。

3. 正式人员工资类别信息

(1) 工资项目 (表 1-6)

表 1-6 工资项目

项目名称	类型	长度	小数位数	工资增减项
工龄	数字	3	0	其他
基本工资	数字	10	2	增项
岗位工资	数字	10	2	增项
奖金	数字	10	2	增项
交补	数字	6	2	增项
应发合计	数字	10	2	增项
病假扣款	数字	8	2	减项
事假扣款	数字	8	2	减项
代扣款	数字	8	2	减项
养老保险金	数字	8	2	减项
扣款合计	数字	8	2	减项
实发合计	数字	10	2	增项
日工资	数字	8	2	其他
事假天数	数字	8	0	其他
病假天数	数字	8	0	其他
应付工资总额	数字	10	2	其他

(2) 工资项目计算公式

岗位工资：IFF（人员类别＝"企业管理人员"，800，IFF（人员类别＝"辅助车间人员"，700，750））

奖金：IFF（人员类别＝"企业管理人员"，150，200）

日工资：（基本工资＋岗位工资＋奖金）/21.17

病假扣款：IFF（工龄＞＝10，日工资×病假天数×0.2，IFF（工龄＞＝5 AND 工龄＜10，日工资×病假天数×0.3，日工资×病假天数×0.5））

事假扣款： 事假天数×日工资

养老保险金：（基本工资＋岗位工资＋奖金）×0.03

应付工资总额＝基本工资＋岗位工资＋奖金＋交补＋计件工资－病假扣款－事假扣款

代发银行：工商行秦皇岛分行解放支行；账号：026—14736925（人民币户）

(3) 设置纳税基数

税率表：

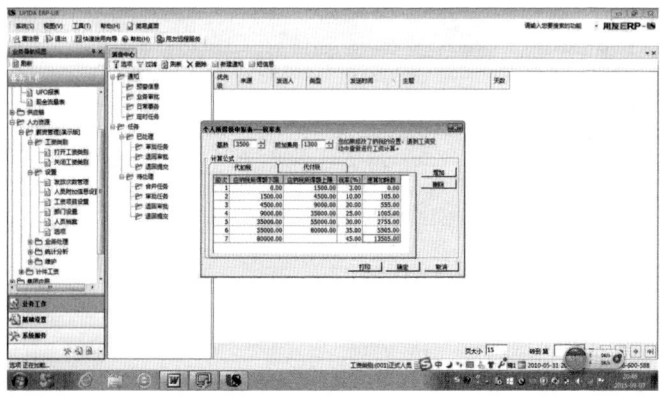

4. 正式人员基本工资数据

参见表1-1、表1-2资料及有关人员档案。

5. 计件工资资料（该部分内容在计件工资管理系统进行设置）

计件工资标准：工时（表1-7）。

工时档案包括2项：01 机加工；02 检验。

表1-7 计件工资标准

部门	方案编号	方案名称	工时	计件单价
制造车间	01	机加工	机加工	20
制造车间	02	检验	检验	10

* 说明：计件工资核算方法：操作步骤：5个步骤：第一步，计件要素设置；第二步，计件工价设置；第三步，计件工资录入；第四步，计件工资汇总；第五步，到薪资管理—工资变动中进行计算和汇总，计算出职工的总工资。在进行初始设置时只需要做第一步和第二步；等到月末这些职工的工时统计出来后，再进行第三步、第四步和第五步的处理。

6. 工资分摊（表1-8）

分摊计提月份：5月。核算部门：行政科、制造车间、辅助车间、销售组、供应组。

相对应借方项目大类为生产成本，项目名称均设置为机床A。

工资分摊类型：

应付工资（%） = 应付工资总额×100

应付福利费（%） = 应发合计×14

工会经费（%） = 应发合计×2

教育经费（%） = 应发合计×1.5

养老保险金（%） = 应发合计×3

表1-8 工资分摊

工资分摊		应付工资		应付福利费		工会经费、教育经费、养老保险金	
车间、部门		借方科目	贷方科目	借方科目	贷方科目	借方科目	贷方科目
行政科	企业管理人员	660201		660202		660207	
生产科	基本生产人员	50010102（机床A）	221101	50010102（机床A）	221102	50010102	221103
生产科	辅助车间人员	50010202		50010202		50010202	221104
生产科	车间管理人员	510102		510102		510102	221105
供应组	经营人员	660201		660202		660207	
销售组	销售人员	6601		6601		6601	

* 提示：此处只是进行工资分摊设置，但不能生成记账凭证。只有正式人员的计时工资和计件工资核算完毕后，才能生成凭证

(三) 固定资产管理系统

1. 业务控制参数

按平均年限法（一）计提折旧，折旧分配周期为1个月。

类别编码方式：2112；

固定资产编码方式：按"类别编码＋部门编码＋序号"自动编码；

卡片序号长度：3；

要求与账务系统进行对账，固定资产对账科目：固定资产（1601）；

累计折旧对账科目：累计折旧（1602）；

在对账不平情况下不允许月末对账，业务发生后要立即制单，月末结账前一定要完成制单登账业务；已注销的卡片5年后删除。

固定资产默认入账科目：1601；

累计折旧默认入账科目：1602；

当（月初已计提月份＝可使用月份－1）时，要求将剩余折旧全部提足。

2. 资产类别（表1-9）

表1-9 资产类别

编码	类别名称	净残值率（％）	单位	计提属性
01	房屋及构筑物	4		总计提
011	房屋	4		总计提
012	构筑物	4		总计提
02	通用设备	4		正常计提
021	生产用设备	4		正常计提
022	非生产用设备	4		正常计提

(续表)

编码	类别名称	净残值率（%）	单位	计提属性
03	交通运输设备	4		正常计提
031	生产用运输设备	4	辆	正常计提
032	非生产用运输设备	4	辆	正常计提
04	电子设备及其他通信设备	4		正常计提
041	生产用设备	4	台	正常计提
042	非生产用设备	4	台	正常计提

3. 部门及对应折旧科目（表1-10）

表1-10 部门及对应折旧科目

部门	对应折旧科目
1 行政科	管理费用（660206）
201 制造车间	制造费用-折旧费（510101）
202 辅助车间	制造费用-折旧费（510101）
301 销售组	产品销售费用（6601）
302 供应组	管理费用（660206）

增减方式设置：默认系统提供的常用增减方式

4. 原始卡片（表1-11）

表1-11 原始卡片

固定资产名称	类别编号	所在部门	增加方式	使用年限（月）	开始使用日期（年.月.日）	原值	累计折旧	对应折旧科目名称
办公楼	011	厂办	在建转入	360	1999.7.1	1 500 000	522 450	管理费用
厂房	011	制造车间	在建转入	360	1999.7.1	1 200 000	417 960	制造费用
厂房	011	辅助车间	在建转入	360	1999.7.1	500 000	174 150	制造费用

第一章 企业基本资料

(续表)

固定资产名称	类别编号	所在部门	增加方式	使用年限(月)	开始使用日期(年.月.日)	原值	累计折旧	对应折旧科目名称
车床	021	制造车间	直接购入	120	2007.7.1	80 000	21 120	制造费用
铣床	021	制造车间	直接购入	120	2007.7.1	180 000	47 520	制造费用
刨床	021	制造车间	直接购入	120	2007.7.1	20 000	5 280	制造费用
钳工平台	021	制造车间	直接购入	120	2007.7.1	70 000	18 480	制造费用
专用量具	021	制造车间	直接购入	120	2009.5.1	15 000	1 320	制造费用
磨床	021	制造车间	直接购入	120	2007.7.1	50 000	13 200	制造费用
吊床	021	制造车间	直接购入	120	2007.7.1	100 000	26 400	制造费用
原料库	011	总务	在建转入	360	1999.7.1	100 000	34 830	管理费用
成品库	011	总务	在建转入	360	1999.7.1	250 000	87 075	管理费用
汽车	032	厂办	直接购入	120	2009.7.1	250 000	18 000	管理费用
复印机	042	厂办	直接购入	72	2009.6.1	12 000	1 596	管理费用
微机	042	财务室	直接购入	72	2009.6.1	6 000	798	管理费用

注:净残值率均为4%,使用状况均为"在用",折旧方法均采用平均年限法(一)

(四) 采购管理系统

1. 地区分类(表1-12)

表1-12 地区分类

地区分类编码	地区分类名称
1	本地
2	外地

2. 供应商（表1-13）

表1-13 供应商分类

供应商分类编码	供应商分类名称
01	工业企业
0101	重工业企业
0102	轻工业企业
02	商业企业
03	其他企业

3. 供应商档案（表1-14）

表1-14 供应商档案

编号	名称	简称	分类	税号	开户银行	账号	地址
001	郑州铸造厂	郑铸	0101	31022553341504	工商行郑州支行	86730123	郑州北京路6号
002	石家庄轴承厂	石轴	0102	700812943100782	工商行石家庄支行	360001234	石家庄平安路38号
003	唐山胜利厂	唐胜利	0102	010233511415054	工商行唐山支行	030112345	唐山四会路116号
004	北京华强木器厂	华强厂	0102	101234567890098	工商行北京支行	67890	北京劲松路17号
005	北京华北电子元件厂	华北元件	03	10235696332352	建行丰台分理处	12345	北京丰台大江门90号
006	北京五金文化批发市场	五文化	02	110987654321123	工商行朝阳分理处	34567	北京朝阳路18号
007	北京工具厂	工具厂	0102	110876543211234	工商行香山分理处	45689	北京香山路6号

4. 存货分类（表1-15）

表1-15 存货分类

存货分类编码	存货分类名称
1	原材料
101	原料及主要材料
102	辅助材料
103	外购半成品
2	包装物
3	产成品
4	应税劳务

5. 计量单位组（表1-16）

表1-16 计量单位组

计量单位组编号	计量单位组名称	计量单位组类别
01	无换算关系	无换算

6. 计量单位（表1-17）

表1-17 计量单位

计量单位编号	计量单位名称	所属计量单位名称
01	吨	无换算关系
02	千克	无换算关系
03	台	无换算关系
04	套	无换算关系
05	个	无换算关系
06	千米	无换算关系

7. 存货档案（表1-18）

表1-18 存货档案

存货编码	所属分类	存货名称	计量单位	最低售价	参考售价	供应单位	税率(%)	存货属性
001	101	铸铁件	吨	3 500	3 600	郑铸	17	内销、外购、生成耗用
002	101	铸铝件	吨	37 500	3 8000	郑铸	17	内销、外购、生成耗用
003	101	钢材	吨	8 600	8 800	郑铸	17	内销、外购、生成耗用
004	102	润滑油	千克	46	48	五交化	17	内销、外购、生成耗用
005	102	油漆	千克	16	17	五交化	17	内销、外购、生成耗用
006	103	电动机	台	860	880	唐胜利	17	内销、外购、生成耗用
007	103	轴承	套	430	450	石轴	17	内销、外购、生成耗用
008	103	电器元件	个	28	30	华北元件厂	17	内销、外购、生成耗用
009	2	木箱	个	480	490	华强厂	17	内销、外购、生成耗用
010	3	机床A	台	47 500	48 000		17	内销、外购、自制
011	3	机床B	台	27 500	28 000		17	内销、外购、自制
012	4	运输费	公里				11	内销、外购、应税劳务

8. 仓库档案（表1-19）

表1-19 仓库档案

仓库编码	仓库名称	所属部门	仓库地址	电话	负责人	计价方式
1	材料库	总务	厂内	103	李元香	移动平均
2	成品库	总务	厂内	103	李元香	移动平均

9. 收发类别（表1-20）

表1-20 收发类别

收发类别编码	收发类别名称	收发标准
1	入库分类	收

(续表)

收发类别编码	收发类别名称	收发标准
101	生产采购入库	收
102	产成品入库	收
2	出库分类	发
201	销售出库	发
202	生产领用出库	发

10. 付款条件（表1-21）

表1-21 付款条件

编码	信用天数	优惠天数1	优惠率1	优惠天数2	优惠率2	优惠天数3	优惠率3
01	30	5	2				
02	60	5	4	15	2	30	1
03	90	5	4	20	2	45	1

11. 采购类型（表1-22）

表1-22 采购类型

采购类型编码	采购类型名称	入库类别	是否默认值
1	生产采购	生产采购入库	是

（五）销售管理系统

1. 业务控制参数

有零售日报业务，销售报价不含税，进行最低售价控制（口令：1），参照发货单生成销售发票。其他默认。

2. 客户分类（表1-23）

表1-23 客户分类

客户分类编码	客户分类名称
01	工业企业
0101	重工业企业
0102	轻工业企业
02	商业企业
03	其他企业

3. 客户档案（表1-24）

表1-24 客户档案

客户编号	客户名称	客户简称	所属分类码	税号	开户行	账号	地址
001	石家庄轴承厂	石轴	0101	700812943100782	工商行石家庄支行	360001234	石家庄平安路38号
002	邯郸钢窗厂	邯钢窗	0102	710568792435609	工商行邯郸支行	30312345	邯郸邢台路11号
003	北京宏福公司	宏福	03	110245389763489	工商行朝阳支行	23012345	北京朝阳路1号
004	上海宝花工贸公司	沪宝花	03	213098456834907	工商行上海支行	02012345	上海闸北路008号
005	唐山胜利厂	唐胜利	0102	010233511415054	工商行唐山支行	030112345	唐山四会路116号
006	保定东海公司	东海	02	313256457467912	工商行保定支行	023005612	保定新宇路23号

4. 销售类型（表1-25）

表1-25 销售类型

销售类型编码	销售类型名称	出库类别	是否默认值
1	产品销售	销售出库	是
2	材料销售	销售出库	否

5. 费用类型及费用项目

代垫费用项目：101 代垫运费、102 代垫安装费。

（六）库存管理系统

1. 业务控制参数

按默认设置。

注：定义产品结构前，需要对控制面板进行修改。控制面板→性能和维护→管理工具→组件服务→计算机→我的电脑→属性→MSDTC→安全设置—选中网络 DTC 访问和启用 XA 事物。

2. 产品结构（表1-26）

表 1-26　产品结构

父项编码	父项名称	加工部门	子项编码	子项名称	单位	存放仓库	定额数量（基本用量）
010		制造车间					
	机床 A	(201)	002	铸铝件	吨	材料库	0.08
	机床 A		003	钢材	吨	材料库	2
	机床 A		004	润滑油	千克	材料库	1
	机床 A		005	油漆	千克	材料库	20
	机床 A		006	电动机	台	材料库	1
	机床 A		007	轴承	套	材料库	4
	机床 A		008	电器元件	个	材料库	20
	机床 A		009	木箱	个	材料库	1
011		制造车间					
	机床 B	(201)	001	铸铁件	吨	材料库	0.5
	机床 B		003	钢材	吨	材料库	1
	机床 B		004	润滑油	千克	材料库	0.8

(续表)

父项编码	父项名称	加工部门	子项编码	子项名称	单位	存放仓库	定额数量（基本用量）
	机床B		005	油漆	千克	材料库	15
	机床B		006	电动机	台	材料库	1
	机床B		007	轴承	套	材料库	3
	机床B		008	电器元件	个	材料库	15
	机床B		009	木箱	个	材料库	1

注：基础数量写1，基本用量写定额数量

3. 存货期初余额（表1-27）

表1-27 存货期初余额

明细账户及材料名称	计量单位	结存数量	单价	入库日期（年.月.日）	供应商	部门	业务员	科目
原料及主要材料								
铸铁件	吨	10	3 000	2010.03.06	郑铸	供应组	刘含玉	14030101
铸铝件	吨	3	20 000	2010.03.06	郑铸	供应组	刘含玉	14030102
钢材	吨	105	8 000	2010.03.06	郑铸	供应组	刘含玉	14030103
辅助材料								
润滑油	千克	80	39	2010.04.11	五交化	供应组	刘含玉	14030201
油漆	千克	1 500	10	2010.04.11	五交化	供应组	刘含玉	14030202
外购半成品								
电动机	台	50	800	2010.02.20	唐胜利	供应组	刘含玉	14030301
轴承	套	80	350	2010.02.27	石轴	供应组	刘含玉	14030302
电器元件	个	1 600	20	2010.02.11	华北元件	供应组	刘含玉	14030303
包装物								
木箱	个	3	400	2010.02.11	华强厂	供应组	刘含玉	14110101
产成品								
机床A	台	5	30500	2010.02.28		制造车间	叶从南	140501
机床B	台	3	15000	2010.02.28		制造车间	叶从南	140502

注：库存和存货系统都要录入期初余额

(七) 存货核算系统

1. 业务控制参数

按仓库核算进行存货核算；存货暂估方式：月初回冲；零成本出库选择：参考成本；资金占用规划：仓库，其他默认。

2. 存货科目

要求：按存货设置存货科目（表1-28）。

表1-28 存货科目设置表

仓库		存货编码	存货科目
材料库	1	铸铁件001	铸铁件14030101
		铸铝件002	铸铝件14030102
		钢材003	钢材14030103
		润滑油004	润滑油14030201
		油漆005	油漆14030202
		电动机006	电动机14030301
		轴承007	轴承14030302
		电器元件008	电器元件14030303
		木箱009	木箱14110101
成品库	2	机床A 010	机床A 14050101
		机床B 011	机床B 14050102

3. 存货对方科目（表1-29）

表1-29 存货对方科目设置表

库分类	收发类别编码	对方科目
入库分类	1	
生产采购入库	101	材料采购1401

(续表)

库分类	收发类别编码	对方科目
产成品入库	102	生产成本—基本生产成本—直接材料 50010101（注：对方科目应为基本生产成本下面的所有明细科目，但此处设置只能设置一个科目，等在产品入库生成记账凭证时，在记账凭证中再进行修改。）
出库分类		
生产领用	202	生产成本—基本生产成本—直接材料 50010101
销售出库	201	主营业务成本 6401

（八）应付款管理系统

1. 业务控制参数

按单据核销应付账款，控制科目依据：按供应商；采购科目依据：按存货；按余额核销预付款；制单方式：明细到供应商；汇兑损益方式；月末处理；自动计算现金折扣。其他默认。

2. 基本科目设置（表1-30）

表 1-30 基本科目设置

科目	编码	科目	编码
应付科目	应付账款——应付货款 220201	采购税金科目	应交税费—应交增值税——进项税 22210601
预付科目	预付账款 1123	商业承兑科目	应付票据——商业承兑汇票 220101
采购科目	材料采购 1401	票据利息科目	财务费用——利息支出 660301
		票据费用科目	财务费用——手续费 660302

3. 结算方式科目设置（表1-31）

表1-31 结算方式设置

结算方式	科目	结算方式	科目
现金结算	库存现金1001	转账支票	银行存款——工商行存款（100201）
现金支票	银行存款——工商行存款（100201）		

4. 账龄区间设置（表1-32）

表1-32 账龄区间设置表

序号	总天数	序号	总天数
01	30	3	90
02	60	4	120

5. 报警级别设置（表1-33）

表1-33 报警级别设置

序号	总比率（%）	级别名称	序号	总比率（%）	级别名称
1	10	A	3	50	C
2	30	B	4	100	D
			6		E

6. 应付账款余额（表1-34）

部门：供应组；业务员：刘含玉。

表 1-34 应付账款余额表

单据名称	单据类型	方向	开票日期(天)	供应商名称	科目编码	货物名称	数量	单位成本	增值税票号	价税合计
采购发票	专用发票	贷	3~13	郑铸厂	220201	钢材	30	7 000	15324	245 700
采购发票	专用发票	贷	3~13	唐胜利	220201	电动机	16	750	16542	14 040
电汇	电汇单	借	4~5	华强厂	预付账款1123	木箱	80		17854	20 000

*注：录入电汇单余额时，单据选预付款项，不选发票项

7. 应付票据余额（票据编号 SD234）（表 1-35）

业务员：刘含玉。

表 1-35 应付票据余额表

单据名称	单据类型	方向	开票日期(天)	供应商名称	科目编码	货物名称	数量	单位成本	增值税发票号	价税合计
采购发票	专用发票	贷	3~15（2个月商业承兑汇票）	郑铸厂	220101	铸铁件	14	2 925	15325	40 950

（九）应收款管理系统

1. 业务控制参数

按单据核销应收账款，按客户控制科目；产品销售科目依据：按存货分类；预付款核销方式：按余额；制单方式：明细到客户；采用应收款余额百分比法进行坏账处理；自动计算现金折扣，显示现金折扣；核算代垫费用的单据类型：其他应收单；录入发票时显示提示信息，显示折扣信息。

2. 设置科目（表1-36）

表1-36 科目设置表

科目类别	设置方式
基本科目设置	应收科目：1122 预收科目：2203 销售收入科目：6001 应交增值税科目：22210602 银行承兑科目：112101 票据利息科目：660301 票据费用科目：660302
结算方式科目设置	同应付款结算方式

3. 坏账准备设置（表1-37）

表1-37 坏账准备设置表

项目	设置	项目	设置
提取比率	0.50%	坏账准备科目	1231
坏账准备期初余额	2 223	对方科目	6701

4. 账龄区间设置、报警级别同应付款管理

5. 应收款期初数据

（1）应收账款期初余额（表1-38）

部门：销售组；业务员：夏青。

表1-38 应收账款期初余额

单据名称	单据类型	方向	开票日期（天）	客户名称	科目编码	货物名称	数量	增值税发票号	价税合计
销售发票	专用发票	借	4~15	石轴	1122	机床A	5台	12345	280 800
销售发票	专用发票	借	4~9	沪宝花	1122	机床B	5台	56789	163 800

(2) 应收票据期初余额 (银行承兑汇票) 票据编号 YD67890 (表1-39)

销售部门：销售组；业务员：夏青。

表1-39 应收票据期初余额

单据名称	单据类型	方向	开票日期(天)	客户名称	科目编码	货物名称	数量	增值税发票号	价税合计
销售发票	专用发票	借	2~11(3个月银行承兑汇票)	邯钢窗	112101	机床A	5台	67890	280 800

第二章　日常经济业务

一、业务处理要求

会计陈楠进行日常业务处理；出纳赵鑫对出纳凭证签字；账套主管审核凭证记账。

对会计陈楠进行数据权限分配：

①赋予其对所有用户填制的单据进行删改、审核、关闭等的权限。

②赋予其工资类别主管的权限。

发生下述经济业务时，有的业务是在总账系统直接填制记账凭证，如第一笔业务；有的业务要经过供应链系统和财务系统一体化处理，而不能在总账系统直接填制记账凭证，例如第2笔业务。其他业务要认真分析。

采购专用发票和销售专用发票手工编号。

二、日常经济业务

1笔，5月2日，厂负责人夏磊报销业务招待费500元，现金支付。附件5张。

【凭证提示】

借：管理费用　　　　　　　　　　　500

贷：库存现金　　　　　　　　　　　　　　　500

　　2笔，5月3日，从唐山胜利工厂购进20台电动机，账单已到，单价810元，增值税专用发票号TS3564，注明价款16 200元，增值税2 754元，货款未付。

　　*提示，该业务处理步骤如下：①在库存管理系统填制并审核采购入库单；②在采购管理系统根据采购入库单生成采购发票；③在采购管理系统进行采购结算；④在应付款系统审核采购发票，制单；⑤在存货业务核算进行正常单据记账，生成凭证；⑥在总账管理系统审核凭证，记账。

　　【凭证提示】
　　借：材料采购　　　　　　　　　　　　　　16 200
　　　　应交税费—应交增值税—进项税　　　　　2 754
　　　贷：应付账款—应付货款　　　　　　　　　18 954
　　借：原材料—外购半成品—电动机　　　　　16 200
　　　贷：材料采购　　　　　　　　　　　　　　16 200

　　3笔，5月3日，以信汇方式归还郑州铸造厂部分欠款100 000元。

　　【凭证提示】
　　借：应付账款—应付货款　　　　　　　　　100 000
　　　贷：银行存款—工商行存款　　　　　　　　100 000

　　4笔，5月4日支付基本账户开户银行汇款手续费15元，现金付讫。

　　【凭证提示】
　　借：财务费用—手续费　　　　　　　　　　　15
　　　贷：库存现金　　　　　　　　　　　　　　15

　　5笔，5月4日，北京华强木器加工厂发来包装用木箱50个，单价410元，增值税专用发票号SY70207，以转账支票支付，支票号548197，木箱已验收入库。

【凭证提示】

借：材料采购		20 500
应交税费—应交增值税—进项税		3 485
贷：银行存款—工商行存款		23 985
借：周转材料—包装物—木箱		20 500
贷：材料采购		20 500

6笔，5月5日，支付电视台广告费30 000元，以签发转账支票支付，票号1055。

【凭证提示】

借：销售费用	30 000
贷：银行存款—工商行存款	30 000

7笔，5月5日，供应组采购员刘含玉出差归来，报销差旅费4 536元，出纳员以现金补足差额。

【凭证提示】

借：管理费用	4 536
贷：其他应收款—应收职工借款	4 400
库存现金	136

8笔，5月5日，刘含玉回厂交来郑州铸造厂的增值税专用发票一张，发票号7533000，发票列明铸铁件10吨，单价3 000元。材料已验收入库。签发1个月到期的银行承兑汇票，票号123。(库存管理—采购入库单—采购发票—采购结算—应付款系统审核凭证—制单—存货业务核算—正常单据记账—财务核算—生成凭证—票据管理—过滤—商业汇票—付款单据审核—制单)

【凭证提示】

借：材料采购	30 000

应交税费—应交增值税—进项税额　　　　5 100
　　　　贷：应付账款—应付货款　　　　　　　　　　35 100
　　借：原材料—原料及主要材料—铸铁件　　30 000
　　　　贷：材料采购　　　　　　　　　　　　　　　30 000
　　借：应付账款—应付货款　　　　　　　　35 100
　　　　贷：应付票据—银行承兑汇票　　　　　　　　35 100

9笔，5月5日，从北京五金交化批发市场购入油漆增值税专用发票一张，发票号7533000，发票列明100千克，单价10元，价款1 000，增值税170元，材料验收入库，款项以银行存款支付，转账支票号100。

【凭证提示】
　　借：材料采购　　　　　　　　　　　　　1 000
　　　　应交税费—应交增值税—进项税　　　　170
　　　　贷：银行存款—工商行存款　　　　　　　　　1 170
　　借：原材料—辅助材料—油漆　　　　　　1 000
　　　　贷：材料采购　　　　　　　　　　　　　　　1 000

10笔，5月6日，以转账支票支付唐胜利电动机款18 954元。

【凭证提示】
　　借：应付账款—应付货款　　　　　　　　18 954
　　　　贷：银行存款—工商行存款　　　　　　　　　18 954

11笔，5月6日，制造车间生产领用材料见表2-1。

表2-1　生产费用领用表

材料 用途	原料及主要材料			辅助材料		外购半成品		
	铸铁件	铸铝件	钢材	油漆	润滑油	电机	轴承	电器元件
A机床		1	48	560	30	12	30	600
B机床	9		48	560	28	13	30	520

【凭证提示】

借：生产成本—基本生产成本—直接材料（机床 A）

            442 904.32

 贷：原材料—原料及主要材料—铸铝件   20 000

   原材料—原料及主要材料—钢材   384 000

   原材料—辅助材料—润滑油   1 170

   原材料—辅助材料—油漆   5 600

   原材料—外购半成品—电动机   9 634.32

   原材料—外购半成品—轴承   10 500

   原材料—外购半成品—电器元件   12 000

借：生产成本—基本生产成本—直接材料（机床 B）

            449 029.18

 贷：原材料—原料及主要材料—铸铁件   27 000

   原材料—原料及主要材料—钢材   384 000

   原材料—辅助材料— 润滑油   1 092

   原材料—辅助材料—油漆   5 600

   原材料—外购半成品—电动机   10 437.18

【凭证提示】

借：其他应收款—应收职工借款   5 000

 贷：银行存款—工商行存款   5 000

12 笔，5 月 7 日，通过工商行户缴纳上月应缴未交所得税 37 412.5元，增值税 79 522元，城建税 5 566元和教育费附加 2 385元，代缴上月已代扣的个人所得税 395 元。

【凭证提示】

借：应交税费—应交所得税   37 412.5

   —未交增值税   79 522

—应交城建税　　　　　　　　　　　　　　5 566
　　—应交个人所得税　　　　　　　　　　　　395
　　—其他应交款　　　　　　　　　　　　　2 385
　贷：银行存款—工商行存款　　　　　　　125 280.5

13笔，5月8日，根据供销合同发给邯郸钢窗厂B机床1台，每台28 000元，全部货税款已办理银行汇票进账手续。增值税发票号WH40207。

【凭证提示】

借：银行存款—工商行存款　　　　　　　　　32 760
　贷：主营业务收入　　　　　　　　　　　　28 000
　　　应交税费—应交增值税—销项税　　　　 4 760
借：主营业务成本　　　　　　　　　　　　　15 000
　贷：库存商品—产成品—机床B　　　　　　15 000

14笔，5月8日，自石家庄轴承厂购入轴承10套，已入库。共计不含税价3 500元，增值税专用发票上注明的进项税额为595元，用银行存款从基本账户信汇汇出，汇款单号码HZ53022101。附件4张。

【凭证提示】

借：材料采购　　　　　　　　　　　　　　　3 500
　　应交税费—应交增值税—进项税　　　　　　595
　贷：银行存款—工商行存款　　　　　　　　 4 095
借：原材料—外购半成品—轴承　　　　　　　3 500
　贷：材料采购　　　　　　　　　　　　　　 3 500

15笔，5月9日，销售给北京宏福公司A机床1台，单价48 000元，B机床1台，单价28 000元，货款共计76 000元，增值税12 920元，收到一张转账支票，款项已存入银行。

【凭证提示】

借：银行存款—工商行存款　　　　　　　　56 160

　　贷：主营业务收入　　　　　　　　　　48 000

　　　　应交税费—应交增值税—销项税　　 8 160

借：银行存款—工商行存款　　　　　　　　32 760

　　贷：主营业务收入　　　　　　　　　　28 000

　　　　应交税费—应交增值税—销项税　　 4 760

借：主营业务成本　　　　　　　　　　　　30 500

　　贷：库存商品—产成品（机床A）　　　 30 500

借：主营业务成本　　　　　　　　　　　　15 000

　　贷：库存商品—产成品（机床B）　　　 15 000

16笔，5月10日，制造车间李伟报销工伤医疗费1 000元，现金支付。

【凭证提示】

借：制造费用—其他费用　　　　　　　　　 1 000

　　贷：库存现金　　　　　　　　　　　　 1 000

17笔，5月10日，夏青（销售组）出差归来，报销差旅费3 800元，退回差额现金1 200元。

【凭证提示】

借：管理费用　　　　　　　　　　　　　　 3 800

　　库存现金　　　　　　　　　　　　　　 1 200

　　贷：其他应收款—应收职工借款　　　　 5 000

18笔，5月10日，制造车间完工入库产成品A机床5台，暂估单位成本30 500元（其中直接材料27 500元，直接人工1 600元，制造费用1 400元）；B机床4台，暂估单位成本15 000元（其中直接材料14 000元，直接人工500元，制造费用500元）

【凭证提示】

借：库存商品—产成品（A 机床）　　　　　　　　152 500
　　贷：生产成本—基本生产成本—直接材料（A 机床）
　　　　　　　　　　　　　　　　　　　　　　　137 500
　　　　　　—直接人工（A 机床）　　　　　　　　8 000
　　　　　　—制造费用（A 机床）　　　　　　　　7 000
借：库存商品—产成品（B 机床）　　　　　　　　60 000
　　贷：生产成本—基本生产成本—直接材料（B 机床）
　　　　　　　　　　　　　　　　　　　　　　　56 000
　　　　　　—直接人工（B 机床）　　　　　　　　2 000
　　　　　　—制造费用（B 机床）　　　　　　　　2 000

19 笔，5 月 11 日，收到邯钢窗银行承兑汇票款 280 800 元。

【凭证提示】

借：银行存款—工商行存款　　　　　　　　　　280 800
　　贷：应收票据—银行承兑汇票　　　　　　　　280 800

（注：不可再增加应收票据，应在票据管理中打开，点结算）

20 笔，5 月 11 日，宏福公司购买 A 机床 1 台，每台 48 000 元；B 机床 2 台，每台 28 000 元，款项尚未收到，增值税发票号 BJ70207。

【凭证提示】

借：应收账款　　　　　　　　　　　　　　　　　56 160
　　贷：主营业务收入　　　　　　　　　　　　　　48 000
　　　　应交税费—应交增值税—销项税　　　　　　8 160
借：应收账款　　　　　　　　　　　　　　　　　65 520
　　贷：主营业务收入　　　　　　　　　　　　　　56 000

应交税费—应交增值税—销项税　　　　　9 520
借：主营业务成本　　　　　　　　　　　　30 500
　　贷：库存商品—产成品（机床 A）　　　　30 500
借：主营业务成本　　　　　　　　　　　　30 000
　　贷：库存商品—产成品（机床 B）　　　　30 000

21 笔，5 月 11 日，宏福公司购买 A 机床 1 台，每台 48 000元；B 机床 2 台，每台 28 000 元，款项尚未收到，增值税发票号 BJ70207。

【凭证提示】

借：应收账款　　　　　　　　　　　　　　56 160
　　贷：主营业务收入　　　　　　　　　　　4 8000
　　　　应交税费—应交增值税—销项税　　　8 160
借：应收账款　　　　　　　　　　　　　　65 520
　　贷：主营业务收入　　　　　　　　　　　56 000
　　　　应交税费—应交增值税—销项税　　　9 520
借：主营业务成本　　　　　　　　　　　　30 500
　　贷：库存商品—产成品（机床 A）　　　　30 500
借：主营业务成本　　　　　　　　　　　　30 000
　　贷：库存商品—产成品（机床 B）　　　　30 000

22 笔，5 月 12 日，制造车间为包装机床 A 产品领用木箱 25 个。

【凭证提示】

借：生产成本—基本生产成本　　　　　　　10 235.75
　　贷：周转材料—包装物—木箱　　　　　　10 235.75

23 笔，5 月 12 日，向郑铸厂购入一台测试机（设备类别编码 021），增值税发票注明价款 50 000 元，增值税 8 500 元，另支付运费包装费1 500元，以银行存款支付，设备交付使用。净残值率4%，预计可使用10，制造车间领用。

【凭证提示】

借：固定资产　　　　　　　　　　　　　　　　51 500

　　贷：银行存款—工商行存款　　　　　　　　 5 1500

借：应交税费—应交增值税—进项税　　　　　　 8 500

　　贷：银行存款—工商行存款　　　　　　　　　8 500

注：在固定资产系统进行资产增加时，金额写51 500元，支付的增值税8 500元在总账系统填制凭证。

24笔，5月12日，销售给唐山胜利厂轴承10套，单价450元，价款4 500元，增值税765元，款项尚未收到，发票号144。

【凭证提示】

借：应收账款　　　　　　　　　　　　　　　　 5 265

　　贷：其他业务收入—材料销售　　　　　　　　4 500

　　　　应交税费—应交增值税—销项税额　　　　　765

借：其他业务成本　　　　　　　　　　　　　　　3 500

　　贷：原材料—外购半成品—轴承　　　　　　　3 500

25笔，5月12日，出纳员从工商行提取现金5 000元，作为备用金，现金支票号XJ001。

【凭证提示】

借：库存现金　　　　　　　　　　　　　　　　　5 000

　　贷：银行存款—工商行存款　　　　　　　　　5 000

26笔，5月12日，总务报销日常费用3 000元，以现金支付。

【凭证提示】

借：管理费用　　　　　　　　　　　　　　　　　3 000

贷：库存现金　　　　　　　　　　　　　　　3 000

27笔，5月13日，制造车间完工入库A机床4台，暂估单位成本30 500元；B机床3台，暂估单位成本15 000元。

【凭证提示】

借：库存商品—产成品（A机床）　　　　　122 000
　　贷：生产成本—基本生产成本—直接材料（A机床）
　　　　　　　　　　　　　　　　　　　　110 000
　　　　　　　　　—直接人工（A机床）　　 6 400
　　　　　　　　　—制造费用（A机床）　　 5 600
借：库存商品—产成品（B机床）　　　　　 45 000
　　贷：生产成本—基本生产成本—直接材料（A机床）
　　　　　　　　　　　　　　　　　　　　 42 000
　　　　　　　　　—直接人工（A机床）　　 1 500
　　　　　　　　　—制造费用（A机床）　　 1 500

28笔，5月14日，辅助车间购买办公用品10 500元，开出转账支票一张，支票号548199。

【凭证提示】

借：制造费用—辅助车间　　　　　　　　　 10 500
　　贷：银行存款—工商行存款　　　　　　 10 500

29笔，5月14日，预付郑州铸造厂钢材款100 000元，转账支票号425。

【凭证提示】

借：预付账款　　　　　　　　　　　　　　100 000
　　贷：银行存款—工商行存款　　　　　　100 000

注：此业务在应付款系统的填制付款单，款项类型选"预付款"。

30笔,5月15日,石家庄轴承厂购买A机床2台,单价48 000元,款项尚未支付,增值税发票号810。

【凭证提示】

借:应收账款　　　　　　　　　　　　　　　　112 320

　贷:主营收入　　　　　　　　　　　　　　　　 96 000

　　　应交税费—应交增值税—销项税　　　　　　 16 320

借:主营业务成本　　　　　　　　　　　　　　　 61 000

　贷:库存商品—产成品—机床A　　　　　　　　　 61 000

31笔,5月15日,收到宏福公司货款121 680元。转账支票号12344。

【凭证提示】

借:银行存款—工商行存款　　　　　　　　　　　121 680

　贷:应收账款　　　　　　　　　　　　　　　　121 680

32笔,5月15日,销售组发生销售费用1 200元,出纳以现金支付。

【凭证提示】

借:销售费用　　　　　　　　　　　　　　　　　　1 200

　贷:库存现金　　　　　　　　　　　　　　　　　1 200

33笔,5月16日,厂办公室报销业务招待费1 800元,银行存款支付。转账支票号426。

【凭证提示】

借:管理费用　　　　　　　　　　　　　　　　　　1 800

　贷:银行存款—工商行存款　　　　　　　　　　　1 800

34笔,5月16日,厂办公室购买办公用品200元,现金支付。

【凭证提示】

借:管理费用　　　　　　　　　　　　　　　　　　　200

贷：库存现金　　　　　　　　　　　　　　　　200

　　35 笔，5 月 16 日，收到石家庄轴承厂交来部分货款 100 000元，转账支票号 12457。

　　【凭证提示】

　　借：银行存款—工商行存款　　　　　　　100 000
　　　　贷：应收账款— 石家庄轴承厂　　　　　100 000

　　36 笔，5 月 16 日收到郑州铸造厂发来钢材 10 吨，单价 8 000元，价款 80 000元，增值税 13 600元，发票号 146，用预付款项支付，余额退回，转账支票号 427。（应付款系统填收款单）（29 题联系）

　　【凭证提示】

　　借：材料采购—钢材　　　　　　　　　　 80 000
　　　　应交税费—应交增值税—进项税　　　 13 600
　　　　贷：应付账款—应付货款　　　　　　　　93 600
　　借：应付账款—郑铸　　　　　　　　　　 93 600
　　　　贷：预付账款—郑铸　　　　　　　　　　93 600
　　借：银行存款—工商行存款　　　　　　　　6 400
　　　　贷：预付账款—郑铸　　　　　　　　　　 6 400
　　借：原材料—原料及主要材料—钢材　　　 80 000
　　　　贷：材料采购　　　　　　　　　　　　　80 000

　　37 笔，5 月 17 日，出纳员从银行提取现金 3 000元，备用。

　　【凭证提示】

　　借：库存现金　　　　　　　　　　　　　　3 000
　　　　贷：银行存款—工商行存款　　　　　　　 3 000

　　38 笔，5 月 18 日，企业因违反购销合同被罚款 3 000元，以银行存款支付，转账支票号 428。

【凭证提示】

借：营业外支出—罚款支出　　　　　　　　　　3 000

　　贷：银行存款—工商行存款　　　　　　　　3 000

39 笔，5 月 20 日，购买办公用品 3 000 元，以支票支付，其中制造车间领用 1 000 元，厂办领用 2 000 元。转账支票号 429。

【凭证提示】

借：制造费用—其他费用　　　　　　　　　　1 000

　　管理费用　　　　　　　　　　　　　　　　2 000

　　贷：银行存款—工商行存款　　　　　　　　3 000

40 笔，5 月 20 日，从北京五金交化批发市场购入润滑油 200 千克，单价 4 元；油漆 100 千克，单价 15 元，货款计 2 300 元，增值税 391 元，发票号 811，款项未付。

【凭证提示】

借：材料采购　　　　　　　　　　　　　　　2 300

　　应交税费—应交增值税—进项税　　　　　　 391

　　贷：应付账款—五交化　　　　　　　　　　2 691

借：原材料—润滑油　　　　　　　　　　　　　800

　　　　—油漆　　　　　　　　　　　　　　 1 500

　　贷：材料采购　　　　　　　　　　　　　　2 300

41 笔，5 月 21 日，厂办发生业务招待费 1 500 元，出纳员开出现金支票。票号 221。

【凭证提示】

借：管理费用　　　　　　　　　　　　　　　1 500

　　贷：银行存款—工商行存款　　　　　　　　1 500

42 笔，5 月 21 日，向邯郸钢窗厂出售 A 机床 2 台，单价 50 000 元，B 机床 1 台，单价 30 000 元，货款共计 130 000 元，增值税 22 100 元,发票号 812。款项尚未收到。

【凭证提示】

借:应收账款—邯郸钢窗		152 100
贷:主营业务收入		130 000
应交税费—应交增值税—销项税		22 100
借:主营业务成本		76 000
贷:库存商品—产成品—机床 A		61 000
库存商品—产成品—机床 B		15 000

43 笔,5 月 22 日,销售组夏青出差预借差旅费 2 000 元,出纳员以现金支付。

【凭证提示】

借:其他应收款—应收职工借款   2 000
 贷:库存现金   2 000

44 笔,5 月 23 日,收到固定资产租金收入 5 000 元,转账支票号 430,存入银行。

【凭证提示】

借:银行存款—工商行存款   5 000
 贷:其他业务收入   5 000

45 笔,5 月 24 日,收到石家庄轴承厂汇来剩余货款 12 320 元。(与 30 题有联系)

【凭证提示】

借:银行存款—工商行存款   12 320
 贷:应收账款—石轴   12 320

46 笔,5 月 24 日,厂办购买办公用纸张等,支付现金 200 元。

【凭证提示】

借：管理费用 200
　　贷：库存现金 200

47笔，5月25日，通过教育机构向农村义务教育捐款5 000元，转账支票号431。

【凭证提示】

借：营业外支出—捐赠支出 5 000
　　贷：银行存款—工商行存款 5 000

48笔，5月25日，从郑州铸造厂购进铸铝件5吨，单价38 000元1吨，增值税专用发票上注明货款190 000元，增值税32 300元，发票号813。验收入库，货款尚未支付。

【凭证提示】

借：材料采购 190 000
　　应交税费—应交增值税—进项税 32 300
　　贷：应付账款—郑铸 222 300
借：原材料—铸铝件 190 000
　　贷：材料采购—铸铝件 190 000

49笔，5月26日，以银行存款支付铁路部门企业销售产品的运杂费2 000元。转账支票号432。

【凭证提示】

借：销售费用 2 000
　　贷：银行存款—工商行存款 2 000

50笔，5月26日，从银行提取现金5 000元，补充库存。

【凭证提示】

借：库存现金 5 000
　　贷：银行存款—工商行存款 5 000

51笔，5月27日，计提本月固定资产折旧，生产用固定资产提取 8 710 元，行政管理部门占用固定资产提取 5 964.4 元。

【凭证提示】

借：制造费用—制造车间　　　　　　　　　　7 360
　　制造费用—辅助车间　　　　　　　　　　1 350
　　管理费用　　　　　　　　　　　　　　　7 234.4
　贷：累计折旧　　　　　　　　　　　　　　15 944.4

52 笔，5 月 27 日，制造车间主任叶从南预借差旅费 3 000 元，出纳员以现金支付。

【凭证提示】

借：其他应收款（叶从南）　　　　　　　　　3 000
　贷：库存现金　　　　　　　　　　　　　　3 000

53 笔，5 月 27 日，以转账支票支付北京五金文化批发市场货款 2 691 元。支票号 2568。

【凭证提示】

借：应付账款（五文化）　　　　　　　　　　2 691
　贷：银行存款　　　　　　　　　　　　　　2 691

54 笔，5 月 30 日，预提长期借款利息 500 元。

【凭证提示】

借：财务费用　　　　　　　　　　　　　　　500
　贷：应付利息　　　　　　　　　　　　　　500

55 笔，1 月份工资变动情况

考勤情况：夏青请事假 2 天，刘含玉请事假 1 天

人员调动情况：因需要，招聘刘晓（编号 303）到供应组担任经营人员，以补充力量，其基本工资 2 000 元，奖金 200，其他待遇按政策执行。代发工资银行账号：20100101119。

发放奖金情况：因去年企业业绩较好，该月每人增加奖金

200元。(提示：通过公式!)

制造车间职工完成工时情况见表2-2。

表2-2 制造车间生产工人完成工时统计表

姓名	日期 (年.月.日)	机加工工时	检验工时
叶从南	2010.5.31	200	
李伟	2010.5.31	200	
程元风	2010.5.31	250	
张梦林	2010.5.31	150	
马彤	2010.5.31		160
朱涛	2010.5.31		140

*说明：计算制造车间职工的计件工资时，需要在"计件工资"模块进行核算。执行薪资部分—计件工资核算中第三、第四、第五步

56笔，5月30日，结转本月职工工资、福利费、工会经费、教育经费以及养老保险金（即通过薪资系统工资分摊生成凭证）。制造车间的直接人工费按2：1在机床A和机床B之间分配。

【凭证提示】
借：生产成本—基本生产成本—直接人工（机床A）
         20 500
      （机床B）
         10 250
  生产成本—辅助生产成本—直接人工 6 700
  制造费用—管理人员工资（制造车间） 8 350
  管理费用   35 130.35
  （注：各部门分别为11 300、14 100、2 150、7 580.35）
  销售费用   4 663.46

贷：应付职工薪酬—工资	85 593.81

借：生产成本—基本生产成本—直接人工（机床A）

               2 870

            （机床B）

               1 435

  —辅助生产成本—直接人工 938

 制造费用（制造车间） 1 169

 管理费用 1 092

 销售费用 721

 贷：应付职工薪酬—福利费 12 082

借：生产成本—基本生产成本—直接人工（机床A）

               410

            （机床B）

               205

  —辅助生产成本—直接人工 134

 制造费用（制造车间） 167

 管理费用 156

 销售费用 103

 贷：应付职工薪酬—工会经费 1 726

借：生产成本—基本生产成本—直接人工（机床A）

               307.5

            （机床B）

               153.75

  —辅助生产成本—直接人工 100.5

 制造费用（制造车间） 125.25

 管理费用 117

销售费用 77.25
　　　贷：应付职工薪酬—教育经费 1 230 794.5
　　借：生产成本—基本生产成本—直接人工（机床 A）
　　　　　　　　　　　　　　　　　　　　　615
　　　　　　　　　　　　　　　　（机床 B）
　　　　　　　　　　　　　　　　　　　　　307.5
　　　　　　—辅助生产成本—直接人工　　　201
　　制造费用（制造车间）　　　　　　　　250.5
　　管理费用　　　　　　　　　　　　　　234
　　销售费用　　　　　　　　　　　　　　154.5
　　　贷：应付职工薪酬—养老保险金　　 2 589

57 笔，结转辅助车间制造费用。

【凭证提示】

　　借：生产成本—辅助生产成本—制造费用　11 850
　　　贷：制造费用—折旧费（辅助车间）　　 11 350
　　　　　制造费用——其他费用　　　　　　　 500

58 笔，结转辅助生产成本（该笔业务通过自动转账进行）。

【凭证提示】

　　借：制造费用—其他费用（制造车间）　19 923.5
　　　贷：生产成本—辅助生产成本—直接人工　8073.5
　　　　　　　　　　　　—制造费用　　　　 11 850

59 笔，结转制造车间制造费用（可以在总账直接填凭证，也可以自动转账，如自动转账则需要在生成凭证时调整凭证）

【凭证提示】

　　借：生产成本—基本生产成本—制造费用（机床 A）
　　　　　　　　　　　　　　　　　　　　26 230.17

　　　　　　　　　　　　　　　　　　（机床B）
　　　　　　　　　　　　　　　　　　13 115.08
　　贷：制造费用—折旧费　　　　　　　7 360
　　　　　　—管理人员工资　　　　　 10 061.75
　　　　　　—其他费用　　　　　　　　21 923.5

提示：制造车间的制造费用在机床A和机床B之间按2∶1比例分摊。

60笔，本月投产机床A 16台，完工9台；投产机床B 30台，完工7台。成本计算见表2-3、表2-4。

表2-3　机床A成本明细账

摘要	生产成本			
	直接材料	直接人工	制造费用	成本合计
本月发生费用	453 140.07	24 702.5	26 230.17	504 072.74
完工产品成本	254 891.29	15 227.57	16 169.29	286 288.15
完工产品单位成本	28 321.254375	1 691.952055	1 796.586986	31 809.79
月末在产品成本	198 248.78	9 474.93	10 060.88	217 784.59

材料费用按完工产品和月末在产品的数量比例分配，直接人工和制造费用按照约当产量比例分配，在产品完工率为80%。

表2-4　机床B成本明细账

摘要	生产成本			
	直接材料	直接人工	制造费用	成本合计
本月发生费用	449 029.18	12 351.25	13 115.08	474 495.51
完工产品成本	104 773.48	3 403.89	3 614.39	111 791.76
完工产品单位成本	14 967.639333	486.269685	516.341732	15 970.25
月末在产品成本	344 255.7	8 947.36	9 500.69	362 703.75

直接材料费用按完工产品和月末在产品的数量比例分配,直接人工和制造费用按照约当产量比例分配,在产品完工率为80%。

请根据机床 A 和机床 B 的实际成本与暂估入库成本资料,编制调整单,生成调整凭证。

注:机床 A 的暂估单位成本 30 500 元(其中直接材料 27 500 元,直接人工 1 600 元,制造费用 1 400 元);机床 B 的暂估单位成本 15 000 元(其中直接材料 14 000 元,直接人工 500 元,制造费用 500 元)。机床 A 入库了 9 台,机床 B 入库了 7 台。

本月完工入库的机床 A 和机床 B 的成本构成及各项成本见表 2-3、表 2-4。

(机床 A 少计入了 11 788.15 元;机床 B 少计入了 6 791.76 元。)

【凭证提示】
借:库存商品—产成品—A 机床　　　　　11 788.15
　　贷:生产成本—基本生产成本—直接材料(A 机床)
　　　　　　　　　　　　　　　　　　　　7 391.29
　　　　　　　　　　　—直接人工(A 机床)
　　　　　　　　　　　　　　　　　　　　827.57
　　　　　　　　　　　—制造费用(A 机床)
　　　　　　　　　　　　　　　　　　　　3 569.29
借:库存商品—产成品—B 机床　　　　　　6 791.76
　　贷:生产成本—基本生产成本—直接材料(B 机床)
　　　　　　　　　　　　　　　　　　　　6 773.48

　　　　　　　　　—直接人工（B机床）
　　　　　　　　　-96.11
　　　　　　　　　—制造费用（B机床）
　　　　　　　　　114.39

61笔，5月31日，结转期间损益（在总账系统把所有凭证审核记账后，通过自动转账结转期间损益）

【凭证提示】

借：主营业务收入	434 000
其他业务收入—材料销售	4 500
其他业务收入—其他	5 000
贷：本年利润	67 418.29
主营业务成本	258 000
销售费用	38 919.21
管理费用	67 147.5
其他业务成本—材料销售	3 500
财务费用—利息支出	500
财务费用—手续费	15
营业外支出—罚款支出	3 000
营业外支出—捐赠支出	5 000

62笔，5月31日，结转应交所得税（自动转账）

【凭证提示】

借：所得税费用	16 854.57
贷：应交税费—应交所得税	16 854.57

63笔，5月31日，所得税费用结转本年利润（自动转账）

【凭证提示】

借：本年利润	16 854.57

贷：所得税费用　　　　　　　　　　　　　16 854.57

64 笔，5 月 31 日，结转本年利润（自动转账）

【凭证提示】

　　借：本年利润　　　　　　　　　　　　　　50 563.72

　　贷：利润分配—未分配利润　　　　　　　　50 563.72

65 笔，5 月 31 日，按本年净利润的 10% 提取盈余公积（自动转账）

【凭证提示】

　　借：利润分配—盈余公积金　　　　　　　　 5 056.37

　　贷：盈余公积—任意盈余公积　　　　　　　 5 056.37

66 笔，5 月 31 日，按本年净利润的 50% 向投资者分配利润（自动转账）

【凭证提示】

　　借：利润分配—应付利润　　　　　　　　　25 281.86

　　贷：应付股利　　　　　　　　　　　　　　25 281.86

67 笔，5 月 31 日，将利润分配各明细科目的余额转入"未分配利润"明细科目（自动转账）

【凭证提示】

　　借：利润分配—未分配利润　　　　　　　　30 338.23

　　贷：利润分配—应付利润　　　　　　　　　25 281.86

　　　　　　—盈余公积　　　　　　　　　　　 5 056.37

第三章 期末处理

一、各子系统月末结账

在各月末应及时对各子系统进行结账,不可延后。

二、六月份经济业务

1笔,6月1日,企业通过分期收款方式向唐山胜利厂销售机床A 2台,无税单价51 000元,分两次付款。6月1日收到1台机床A的款项,另一台7月付款。双方签订销售合同,并按合同约定完成上述业务(注意:在生成记账凭证前,把发出商品科目改成数量金额式,数量单位"台",否则对账不平衡。)

【凭证提示】

借:发出商品　　　　　　　　　　　　　　　　61 000
　　贷:库存商品—产成品—机床A　　　　　　　61 000
借:应收账款　　　　　　　　　　　　　　　　59 670
　　贷:主营业务收入　　　　　　　　　　　　51 000
　　　　应交税费—应交增值税—销项税　　　　 8 670
借:银行存款—工行存款　　　　　　　　　　　59 670
　　贷:应收账款　　　　　　　　　　　　　　59 670
借:主营业务成本　　　　　　　　　　　　　　30 500

贷：发出商品 30 500

2笔，6月1日企业委托东海公司代为销售3台机床B，6月10日东海公司和本公司结算2台，委托单价为29 000元。双方签订销售合同，并按合同约定完成上述业务。

【凭证提示】

借：发出商品 45 000
　　贷：库存商品—机床B 45 000
借：应收账款 67 860
　　贷：主营业务收入 58 000
　　　　应交税金—应交增值税—销项税额 9 860
借：主营业务成本 30 000
　　贷：发出商品 3 0000

3笔，6月20日，石家庄轴承厂从本公司订购机床C 1台，单价20 000元。因本公司不生产机床C，所以立即向郑州铸造厂订购机床C，购买价格为15 000元。当日，公司分别和石家庄轴承厂、郑州铸造厂签订了购销合同，约定双方分别与本公司结算，郑州铸造厂直接将机床C运抵了石家庄轴承厂。公司分别与双方进行了结算并结清了款项。

【凭证提示】

借：库存商品—机床C 15 000
　　应交税费—应交增值税—进项税 2 550
　　贷：应付账款—郑州铸造厂 17 550
借：应付账款—郑州铸造厂 17 550
　　贷：银行存款—工商行存款 17 550
借：应收账款—石家庄轴承厂 23 400
　　贷：主营业务收入 20 000

第三章　期末处理

　　应交税费—应交增值税—销项税　　　　　　　3400
　　借：主营业务成本　　　　　　　　　　15 000
　　　　贷：库存商品—机床C　　　　　　　　　　15 000

4笔，6月30日，进行存货盘点，发现材料库电器元件少了1个。

【凭证提示】

　　借：待处理财产损益—待处理流动资产损益　　20
　　　　贷：原材料—外购半成品—电器元件　　　　　20

5笔，6月30日，进行固定资产盘点，发现2007年7月1日购入的磨床毁损（生产用设备，类别编码021）。磨床原价50 000元。

【凭证提示】

　　借：待处理财产损益—待处理固定资产损益　36 000
　　　　累计折旧　　　　　　　　　　　　14 000
　　　　贷：固定资产　　　　　　　　　　　　　50 000

6笔，6月30日，企业获得政府补贴收入400 000元，款项存入银行。

【凭证提示】

　　借：银行存款—工商行存款　　　　　　　400 000
　　　　贷：营业外收入—其他　　　　　　　　　400 000

7笔，分配职工薪酬。本月职工完成计时工资见表。

表　制造车间生产工人完成工时统计表

姓名	日期	机加工工时	检验工时
叶从南	2010.6.30	200	
李伟	2010.6.30	200	
程元风	2010.6.30	250	

(续表)

姓名	日期	机加工工时	检验工时
张梦林	2010.6.30	150	
马彤	2010.6.30		160
朱涛	2010.6.30		140

制造车间的直接人工费按2∶1在机床A和机床B之间分配。

【凭证提示】

借：生产成本—基本生产成本—直接人工（机床A）
              19 833.33
          （机床B）
               9 916.67
  生产成本—辅助生产成本—直接人工 6 300
  制造费用—管理人员工资（制造车间） 8 150
  管理费用 33 550
  销售费用 4 950
  贷：应付职工薪酬—工资 82 700

借：生产成本—基本生产成本—直接人工（机床A）
              2 768.27
    （机床B） 1 396.73
    —辅助生产成本—直接人工 882
  制造费用（制造车间） 1 141
  管理费用 4 697
  销售费用 693
  贷：应付职工薪酬—福利费 11 578

借：生产成本—基本生产成本—直接人工（机床A）
              395.47

（机床 B）　　　　　　　　　　　199.53
　　　　—辅助生产成本—直接人工　　126
　　制造费用（制造车间）　　　　　　163
　　管理费用　　　　　　　　　　　　671
　　销售费用　　　　　　　　　　　　99
　　　贷：应付职工薪酬—工会经费　　　　　1 654
借：生产成本—基本生产成本—直接人工（机床 A）
　　　　　　　　　　　　　　　　　297.50
　　　　　　　　　　（机床 B）
　　　　　　　　　　　　　　　　　148.75
　　　　—辅助生产成本—直接人工　　94.25
　　制造费用（制造车间）　　　　　　122.25
　　管理费用　　　　　　　　　　　　503.5
　　销售费用　　　　　　　　　　　　74.25
　　　贷：应付职工薪酬—教育经费　　　　　1 240.5
借：生产成本—基本生产成本—直接人工（机床 A）
　　　　　　　　　　　　　　　　　595
　　　　　　　　　　（机床 B）
　　　　　　　　　　　　　　　　　297.5
　　　　—辅助生产成本—直接人工　　189
　　制造费用（制造车间）　　　　　　244.5
　　管理费用　　　　　　　　　　　　1 006.5
　　销售费用　　　　　　　　　　　　148.5
　　　贷：应付职工薪酬—养老保险金　　　　2 481
8 笔，计提固定资产折旧，生成凭证。
【凭证提示】

借：制造费用—制造车间　　　　　　　　7 772
　　制造费用—辅助车间　　　　　　　　1 350
　　管理费用　　　　　　　　　　　　　7 234.4
　贷：累计折旧　　　　　　　　　　　　16 356.4

9笔，6月30日，结转期间损益（自动转账）。

【凭证提示】

借：主营业务收入　　　　　　　　　　　109 000
　　营业外收入　　　　　　　　　　　　400 000
　贷：本年利润　　　　　　　　　　　　379 873.1
　　　主营业务成本　　　　　　　　　　75 500
　　　销售费用　　　　　　　　　　　　5 964.75
　　　管理费用　　　　　　　　　　　　47 662.15

10笔，6月30日，结转应交所得税（自动转账）。

【凭证提示】

借：所得税费用　　　　　　　　　　　　94 968.28
　贷：应交税费—应交所得税　　　　　　94 968.28

11笔，6月30日，所得税费用结转本年利润（自动转账）。

【凭证提示】

借：本年利润　　　　　　　　　　　　　94 968.28
　贷：所得税费用　　　　　　　　　　　94 968.28

12笔，6月30日，结转本年利润（自动转账）。

【凭证提示】

借：本年利润　　　　　　　　　　　　　284 904.82
　贷：利润分配—未分配利润　　　　　　284 904.82

13笔，6月30日，按本年净利润的10%提取盈余公积（自动转账）。

【凭证提示】

借：利润分配—盈余公积金　　　　　　28 490.48

　　贷：盈余公积—盈余公积　　　　　　28 490.48

14 笔，6 月 30 日，按本年净利润的 5% 计提法定公益金（自动转账）。

【凭证提示】

借：利润分配—法定公益金　　　　　　14 245.24

　　贷：盈余公积—法定公益金　　　　　　14 245.24

15 笔，6 月 30 日，将利润分配各明细科目的余额转入"未分配利润"明细科目（自动转账）。

【凭证提示】

借：利润分配—未分配利润　　　　　　42 735.72

　　贷：利润分配—法定公益金　　　　　　14 245.24

　　　　—盈余公积　　　　　　　　　　28 490.48

三、编制资产负债表

各期期末应及时编制资产负债表，并仔细核对。

四、编制利润表

在期末应仔细查对各栏借贷账目，并及时偏制本期利润表。

第四章 业务流程图

一、总账管理系统的业务处理流程图（图4-1）

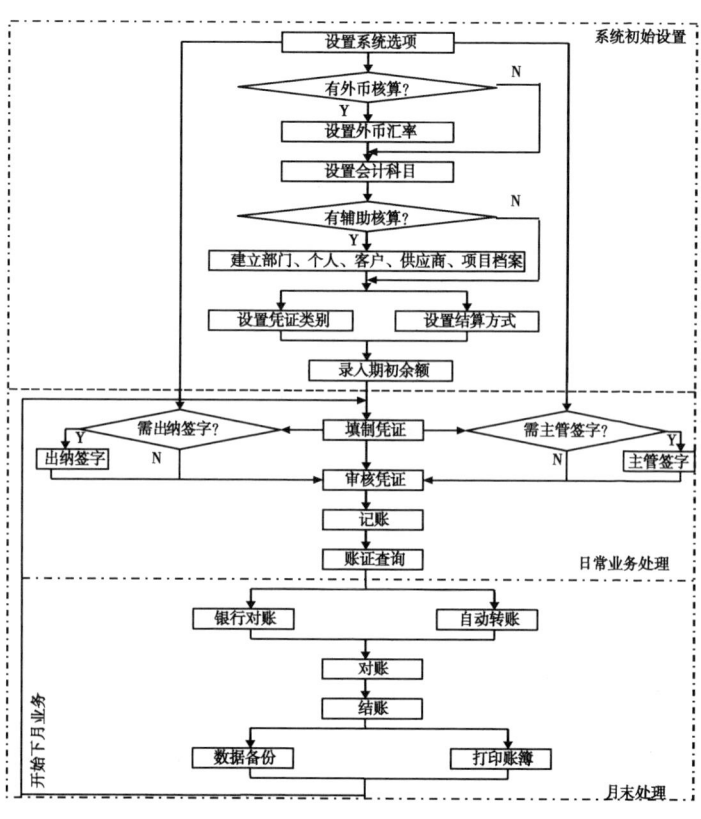

图4-1 总账管理系统业务处理流程图

二、工资管理系统业务处理流程图（图4-2）

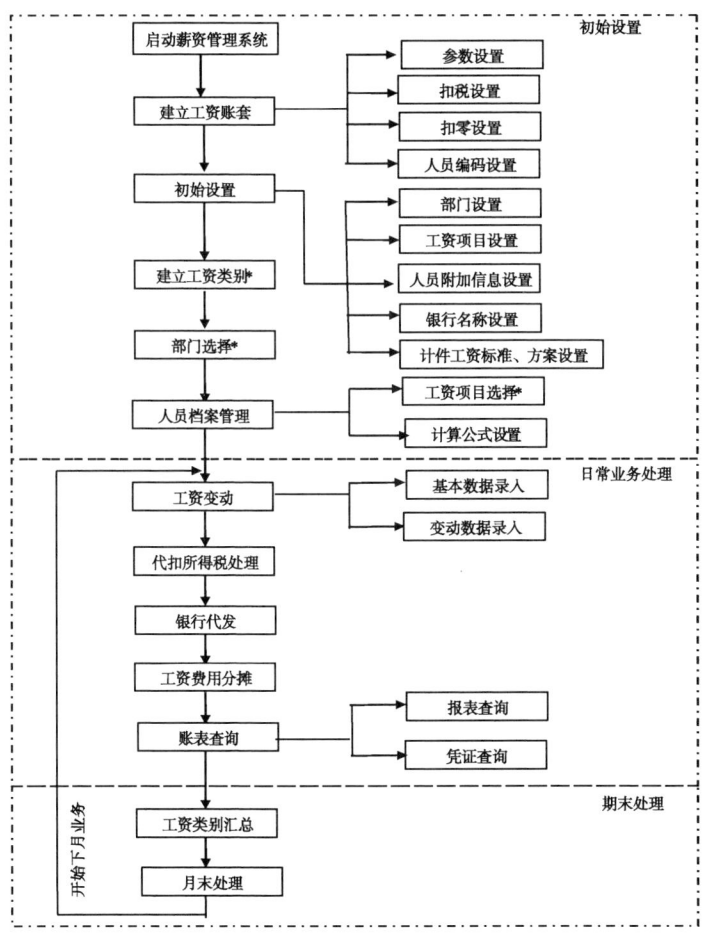

图4-2 工资管理系统业务处理流程图

三、固定资产管理系统业务处理流程图（图4-3）

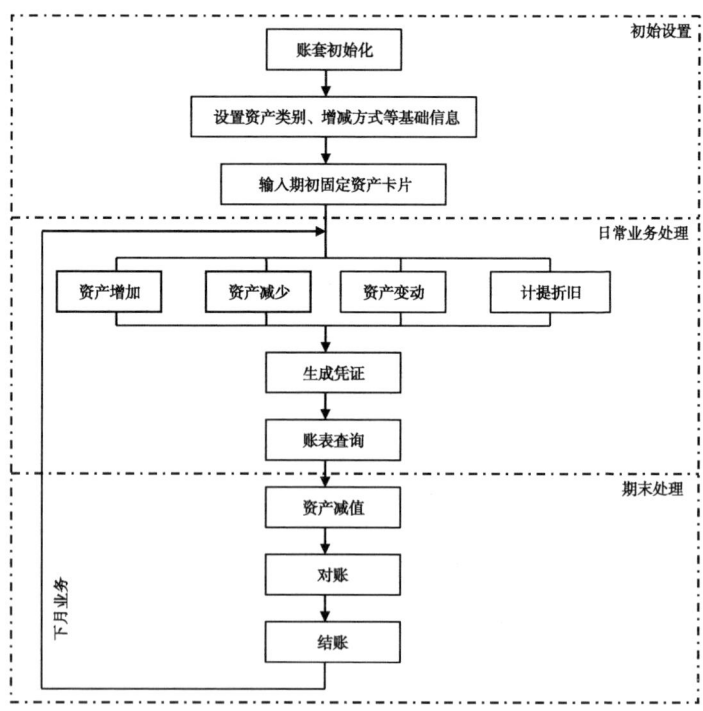

图4-3 固定资产管理系统业务处理流程图

四、应收款管理系统的业务处理流程图（图4-4）

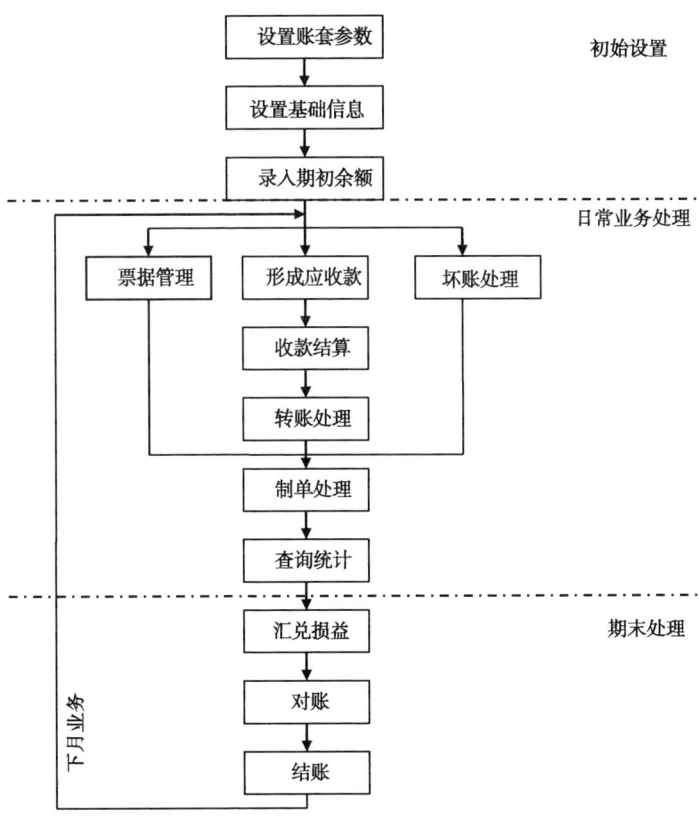

图4-4 应收款管理系统的业务处理流程图

五、供应链管理系统的业务处理流程图(图4-5)

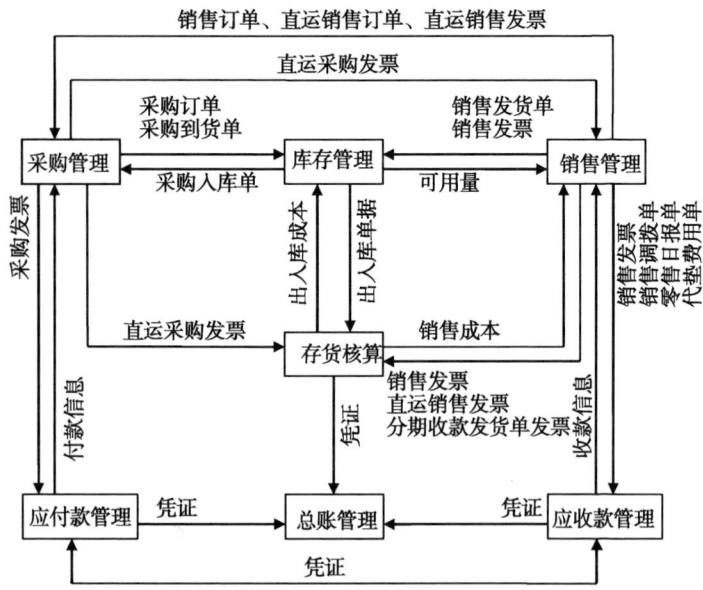

图4-5 供应链管理系统业务处理流程图

六、采购管理系统处理流程图

(一) 单货同行采购业务处理流程图 (图 4-6)

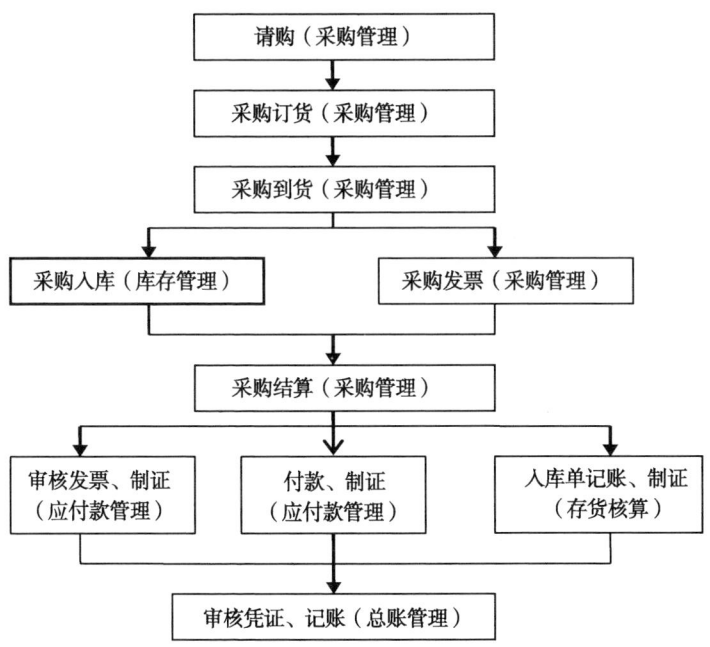

图 4-6 单货同行采购业务处理流程

(二) 货到票未到业务流程图 (图 4-7)

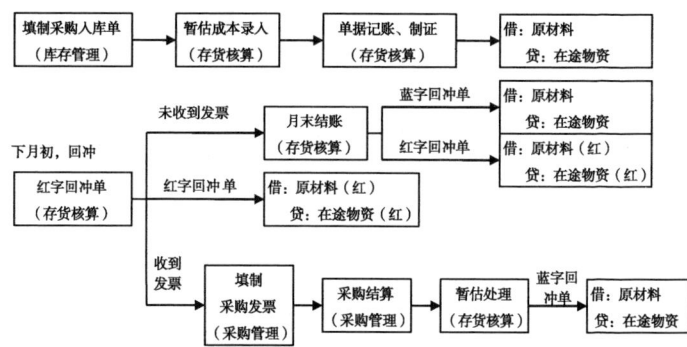

图 4-7 货到票未到业务处理流程图

(三) 退货处理流程图 (图 4-8)

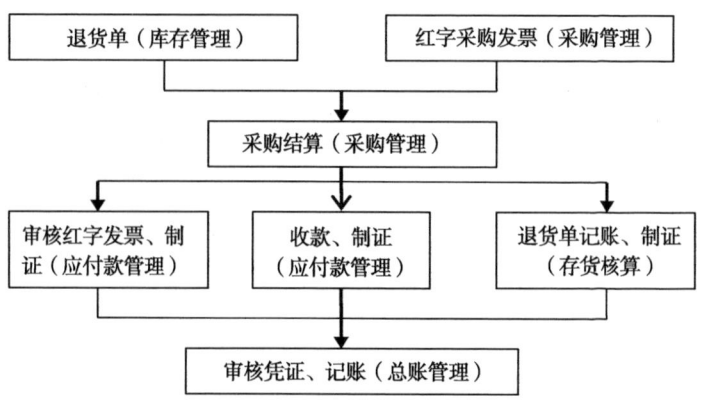

图 4-8 入库单已记账、发票已付款情况下全部
退货业务处理流程图

七、销售管理系统业务处理流程图

(一) 先发货后开票模式业务处理流程图 (图 4-9)

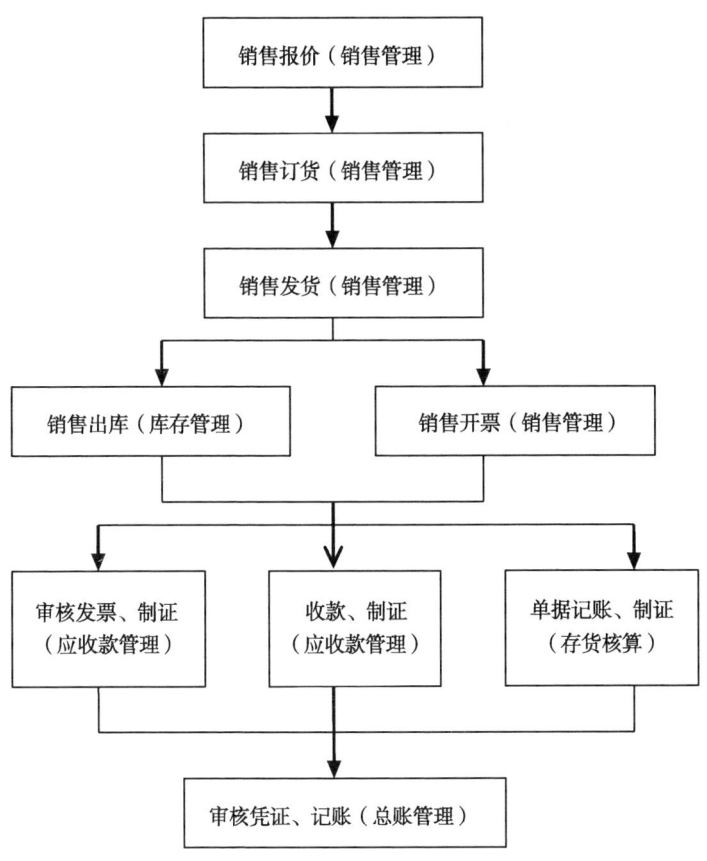

图 4-9 先发货后开票模式普通销售业务处理流程

(二) 分期收款业务处理流程图 (图 4-10)

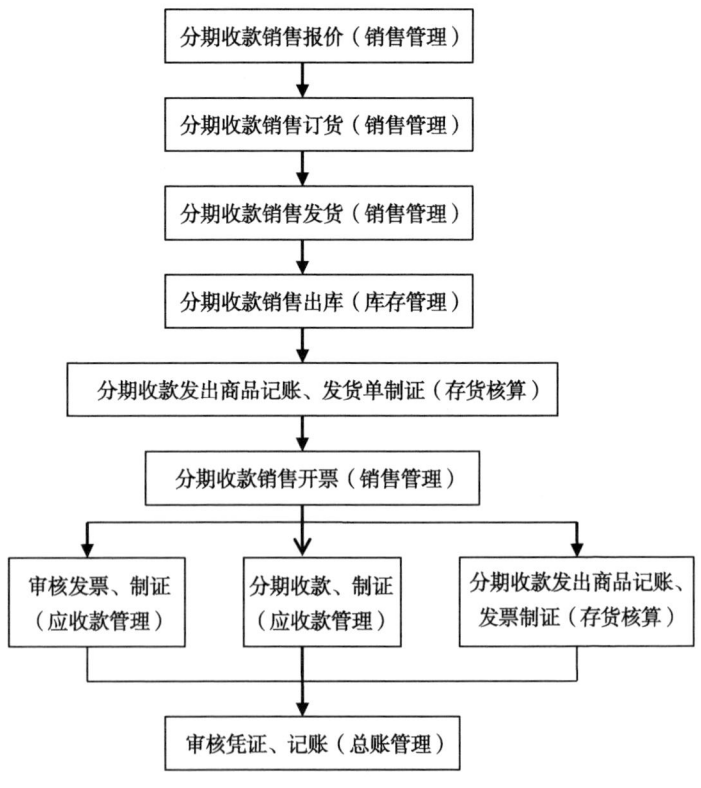

图 4-10 分期收款业务处理流程

(三) 委托代销业务处理流程图 (图 4-11)

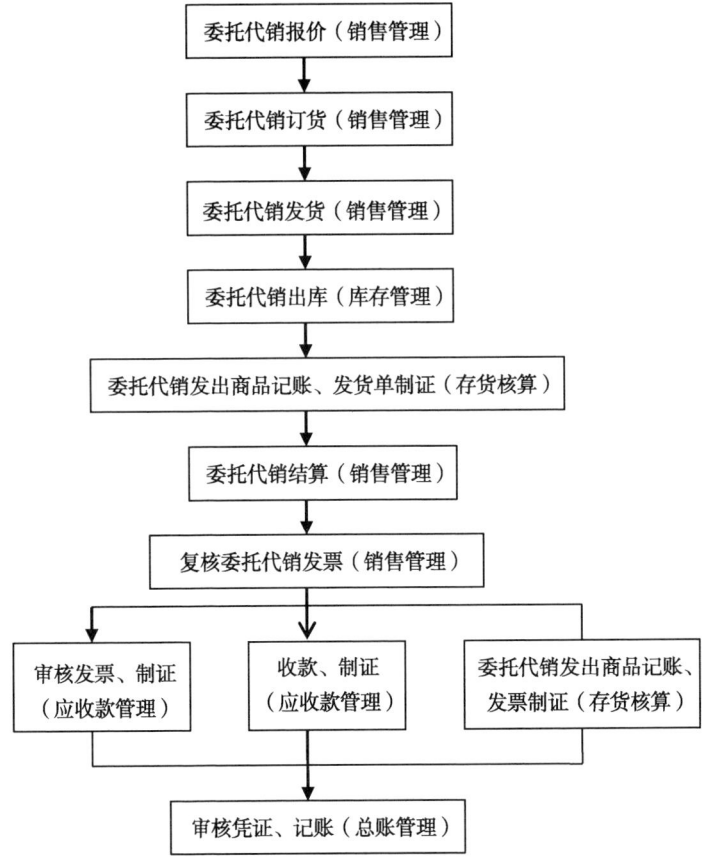

图 4-11 委托代销业务处理流程

(四) 零售业务处理流程图 (图 4-12)

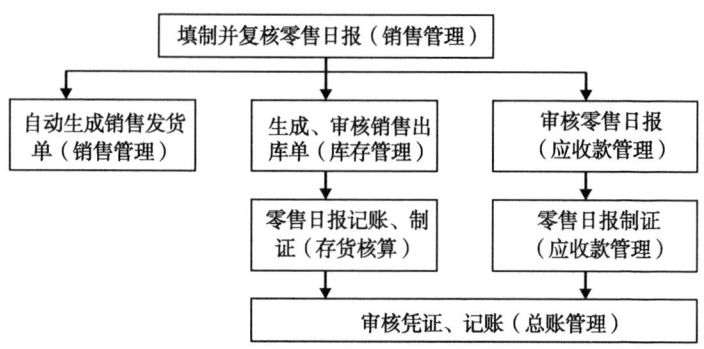

图 4-12 零售业务处理流程

(五) 直运业务处理流程图 (图 4-13)

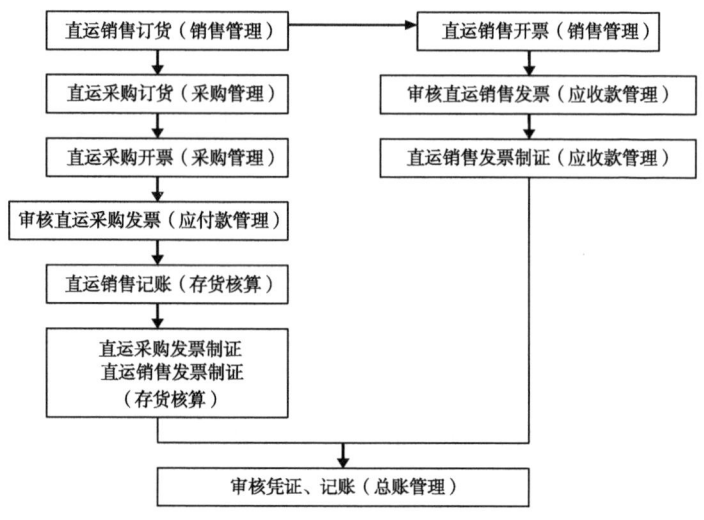

图 4-13 直运业务处理流程

(六) 销售退货业务处理流程图 (图 4-14)

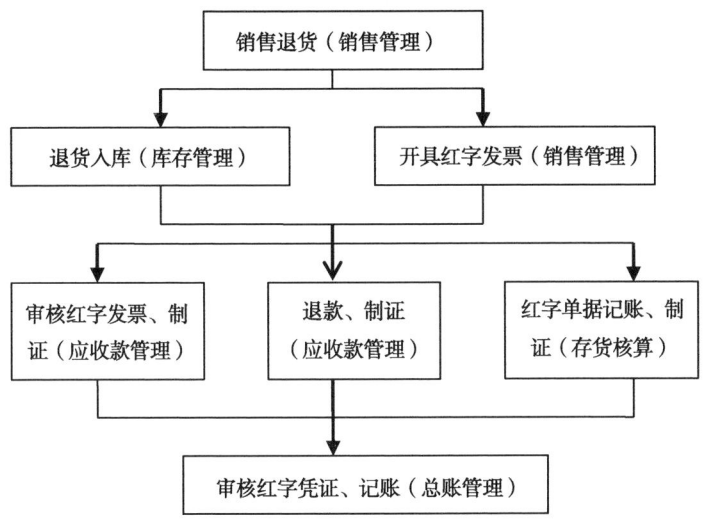

图 4-14 普通销售退货业务处理流程

参考文献

陈立稳.2009.会计电算化模拟实习［M］.北京：化学工业出版社.

毛华扬,邹淑.2013.会计业务一体化实验教程［M］.北京：清华大学出版社.

王新玲,汪刚.2009.会计信息系统实验教程（用友 ERP - U8.72 版）［M］.北京：清华大学出版社.

杨宝刚,王新玲.2011.会计信息系统［M］.北京：高等教育出版社.